Elisabeth Schrattenholzer

DAS WORT
UND DIE TATSACHEN
oder Was nehme ich, wenn ich wahrnehme?

Ein Plädoyer für entzerrte Wahrnehmung,
ausgehend von Beispielen aus der Literatur und Literaturgeschichte.

REIHE FRAUENFORSCHUNG
Band 20

Wiener Frauenverlag

Gedruckt mit Förderung durch das Bundesministerium für Unterricht und Kunst sowie das Bundesministerium für Wissenschaft und Forschung. Die Forschungsarbeit wurde unterstützt durch das Kulturamt der Stadt Wien.

Die Deutsche Bibliothek – CIP-Einheitsaufnahme
Schrattenholzer, Elisabeth:
Das Wort und die Tatsachen oder Was nehme ich, wenn ich wahrnehme? : ein Plädoyer für entzerrte Wahrnehmung, ausgehend von Beispielen aus der Literatur und Literaturgeschichte / Elisabeth Schrattenholzer. – Wien : Wiener Frauenverl., 1993
       (Reihe Frauenforschung ; 20)
       ISBN 3-900399-70-0
NE: GT

Lektorat und Buchgestaltung: Barbara Neuwirth
Umschlaggestaltung: Mikela Hill
Datenkonvertierung: TextDesign Tripolt, Klagenfurt/Celovec; technische Beratung: Peter Wieser
Druck: Wiener Verlag, Himberg; technische Beratung: Rudolf Leonardelli
© Wiener Frauenverlag 1993
ALLE RECHTE VORBEHALTEN
ISBN 3-900399-70-0

Redaktion der REIHE FRAUENFORSCHUNG: Barbara Neuwirth

INHALT

„Da wir uns miteinander nur durch das Wort zu verständigen vermögen, verrät, wer es fälscht, die menschliche Gemeinschaft. Es ist das einzige Mittel, durch das wir unsern Willen und unsere Gedanken austauschen, es ist der Mittler unserer Seele: wenn wir uns verlieren, so haben wir keinen Zusammenhang und keine Kenntnis mehr voneinander. Wenn es uns betrügt, so zerstört es allen unseren Umgang und zerreißt alle Bande unserer Gesellschaft."

Montaigne

EINLEITUNG

Sprache ist Erkenntnis, Sprache ist Ausdruck, Sprache ist in hohem Maße Kommunikation. Sprache ist Zugriff auf Wirklichkeit. Je genauer wir die Sprache kennen, umso deutlicher wird das. Sprache kann Probe-Wirklichkeit sein und neue Wirklichkeit in Gang setzen.

Sprache wird aber auch verwendet für Täuschungsmanöver, als Mittel zur Unterdrückung, zu Machtanwendung, zu Verführung, zum Ablenken von wirklichen Bedürfnissen, zur Verachtung von Menschen und Wirklichkeit und sogar zum Verhindern von Kommunikation.

Wie ist beides innerhalb ein und desselben Phänomens *Sprache* möglich? Wo liegt der Unterschied zwischen einer Sprache, die von einem zukünftigen Haus redet, und das Haus wird dann wirklich gebaut, und einer Sprache, die von Glück redet, und im Namen dieses zukünftigen Glückes werden Menschen gefoltert, wird die Umwelt vergiftet und werden Kinder gezwungen, ihre Liebes- und Glücksfähigkeit zu reduzieren?

Wer von Sprache redet und von ihren Wirk-Möglichkeiten kann nicht von den Menschen absehen, die diese Sprache benützen. Wie nehmen wir Inhalte von Texten wahr? Was tun wir mit der Sprache – als Sprechende, als Hörende, als Lesende? Wir tragen unzählige Filter in uns, durch die wir die Wirklichkeit und also auch Texte und Sprache wahrnehmen. Was in jedem/in jeder einzelnen liegt, muß der Forschungsarbeit des/der einzelnen überlassen bleiben. Manches liegt jedoch im Sprachgebrauch. An einzelnen Worten, Wendungen, Ansprüchen und Ungenauigkeiten, die einem Text – gesprochener oder geschriebener Art – ablesbar und objektiv nachweisbar sind, läßt sich fehlerhafter Gebrauch von Sprache dingfest machen. Wer diese Kriterien kennt, kann sich gegen unfaire Ansprüche besser zur Wehr setzen und ist weniger verletzbar und weniger verführbar durch Sprache. Wer sich beim Verwenden von Sprache von diesen Kriterien leiten läßt, erhöht die Wahrscheinlichkeit, daß besprochene Abmachungen auch Wirklichkeit werden.

Genauer und bewußter Sprachgebrauch erhöht die Autonomie der einzelnen, erleichtert das Zurückweisen und Bekämpfen von Unrecht und erweitert die Möglichkeiten zu selbstbestimmtem Handeln.

DAS WORT UND DIE TATSACHEN

Auf diesem weißen Blatt stehen schwarze Buchstaben. Wer den vorangegangenen Satz liest, kann sich von der Tatsache, die dieser Satz beschreibt, mit eigenen Sinnen überzeugen. Liest jemand diesen Satz für andere vor, und die Zuhörenden nehmen ihn für eine Tatsache, so ist der Vorgang vielschichtiger. Unter anderem enthält er Vertrauen, daß die lesende Person nicht lügt; Erfahrung, daß Gedrucktes sehr oft schwarz auf weiß steht; und vieles mehr. Die Zuhörenden würden die Tatsache wohl kaum überprüfen wollen, hören aber von einer Angelegenheit, die mit je eigenen, körperlichen Sinnen prüfbar wäre. Wenn ich jetzt von einem Lindenblatt schreibe, muß, wer es liest und geistig mitgehen will, in ein anderes Sprachspiel[1] folgen und Kenntnisse über Botanik aktivieren. Schreibe ich vom Feigenblatt, werden Sie vielleicht zögern. Sollen Sie Botanik erwarten oder eine Sache, die durch das redensartliche Feigenblatt schamhaft verhüllt ist? Wenn Ihnen jemand verkündet: „Das Blatt hat sich gewendet!", werden Sie andere geistige Inhalte bereitstellen; kaum jemand denkt da in erster Linie an ein konkretes Blatt Papier. Wieder andere Erlebnis- und Erfahrungsinhalte werden abgerufen, wenn ich von einer Person sage, sie sei ein unbeschriebenes Blatt; der Satz: „Der Geiger hat das Konzert vom Blatt gespielt", führt in die Welt der Musik; und um mitzureden, wenn es um einen Blättermagen geht, muß man von Wiederkäuern und ihrer Art zu verdauen etwas verstehen oder passen. Aufwendige innere Arbeit sind wir gewohnt in Sekundenbruchteilen zu leisten, um Kommunikation zu ermöglichen. Die meist unbewußten Schritte dieser inneren Arbeit müssen ei-

---

1) *Sprachspiel* hier im Sinne von L. Wittgenstein ein Geflecht von Bezügen, von der Funktion her bestimmt.

nen sinnvollen Bezug zwischen Wort und Tatsache herstellen, damit Verständigung erfolgreich ist, beziehungsweise, damit die Schlußfolgerungen oder die Motivation, die aus den Worten abgeleitet werden, auch für andere nachvollziehbar sind. Sich über die Tatsache *dieses* Satzes oder *dieser* Buchseite unmißverständlich und unverzerrt zu einigen, ist relativ leicht. Der geistige Raum, den wir durchschreiten, bis wir in der Welt der Musik sind, bei der Tatsache einer Notenschrift und was es heißt, vom Blatt zu spielen, ist schon wesentlich umfassender. Zum notwendigen Vor-Wissen über Musik kommen Wertungen des Gegenstandes und eigene Erfahrungen, die die Reaktion färben: Interesse oder Desinteresse an Musik, eventuell durchlebte Qual beim Erlernen der Notenschrift oder freudige Erlebnisse mit Musik.

Bei Worten, die sozial oder persönlich Grundsätzliches ansprechen, geht das innere Aufrufen von Haltungen, Wertungen, Information und Scheininformation noch bedeutend weiter. Lebenskonzepte, Wünsche und Sehnsüchte spielen da eine Rolle, psychischer Druck, soziale Wertungen, Prestige, Schuld, Scham und das Vermeidenwollen von Ängsten und Schmerzen. Solche und andere erkannte oder unerkannte Zwänge stellen ihrerseits Inhalte bereit, die mit Information verwechselt werden können. *Mann ist Mann* heißt eines der früheren Stücke von Bert Brecht[2]. Dieser Titel läßt sich kaum als aussage-leer empfinden, obwohl er es sprachlich genommen genauso ist wie ‚Lampe ist Lampe‘, ‚Fenster ist Fenster‘ oder jede andere Tautologie.

„Dulce et decorum est pro patria mori", „Süß und ehrenvoll ist es, für das Vaterland zu sterben" (Horaz): Welche Inhalte wurden da als Tatsachen behandelt und gehandelt, daß so ein

---

2) Eine ausführliche Untersuchung zu Titel und Stück siehe Rockenbauer 1985: 20–62.

Satz durch Jahrtausende immer wieder zugkräftig eingesetzt werden konnte? Die Tatsache des Sterbens auf dem Schlachtfeld sicher nicht. Wenn es am Ende von Faust II heißt: „Das Ewig-Weibliche zieht uns hinan", so wird das willkürliche Dichterwort zwar unter Umständen symbolisch gefüllt, ein Vorgang, der mit eigenen Sinnen nachvollziehbar wäre, läßt sich dem Satz nicht zuordnen. Was ist oben, wohin ‚hinan'-gezogen wird? Was ist unten? Ohne theoretische, ideologische oder religiöse Bilder und Wertungen läßt sich das nicht festlegen. Weiblichkeit ist in erster Linie eine biologische Tatsache, die an ein sterbliches Individuum gebunden ist, also ist das „Ewig-Weibliche" ein Konstrukt aus meist nicht deklarierten Emotionen, Wertungen, veränderbaren Inhalten und Mythen. Auf derselben Basis kann Nietzsche Wertungen und Inhalte klittern, die ihn bis zu dem Schluß bringen, das Ewig-Weibliche zieht uns hinab.[3]

Wenn so eine Art von Sätzen als Argument verwendet wird, so sind nicht die Sinne unmittelbar als Mittler zwischen Gesagtem und Gemeintem möglich. Der erlebnismäßige Nachvollzug von Tatsachen findet nicht statt, kann nicht stattfinden. Der Inhalt der Begriffe oder Aussagen speist sich aus dem Bereich des weltanschaulich Vorgeurteilten, aus Wertungen, Illusionen und ähnlichem. Falls man unter Zwang steht, eine laufende Kommunikation nicht abreißen zu lassen, bleiben inhaltliche Ungenauigkeiten im Raum stehen. Eine Art Jolly-Joker der Kommunikation hat sich gebildet. Er kann für Unterschiedliches stehen, das sich später auch rückwirkend umdeuten läßt. Nur in Gruppen Gleichgesinnter ergibt das eine halbwegs verläßliche Kommunikation, ansonsten aber eine nicht griffige bis gefährliche Angelegenheit. Wenn das nachvollziehende Erleben auch dort wegfällt, wo von erleb-

3) Nietzsche 1980: 699ff.

11

baren Tatsachen die Rede ist, stehen der Willkür, Grausamkeit, Sinnlosigkeit und Dummheit erst recht Tür und Tor offen. Ein Satz, der einige Bibelverse redensartlich auf den Punkt bringt, lautet: „Wer seinen Sohn liebt, der züchtigt ihn."[4] Hier geht es um eine Sache des Tuns. Die Tatsache einer Züchtigung bedeutet Schmerz zufügen. An einem wehrlosen Kind wird etwas vollzogen, was an einem Erwachsenen ein strafbares Delikt darstellt. *Lieben* bedeutet dagegen wohlzuwollen, wenn notwendig zu helfen, zu unterstützen, zu hegen und gedeihen zu lassen. Das ist mit absichtlichem Schmerz-Zufügen nicht vereinbar. Wer das Wort und die Tatsachen, die es bezeichnet, ernst nimmt, kann diesen Satz nicht gelten lassen. Dazu muß man nicht erst PädagogInnen um ihre Forschungsergebnisse fragen. Daß Gewaltausübung Liebe genannt wird, hat aber eine so lange Tradition, daß die allzu gewohnte, allzuoft akzeptierte Lüge kaum auffällt. Dieselbe Gewöhnung läßt auch die Frage nicht aufkommen, was denn eigentlich mit den Töchtern ist: Werden sie nicht geliebt? oder nicht geschlagen? oder sind sie nicht der Rede wert?

Die Sprache hat grundsätzliche Strukturmöglichkeiten, die Ungenauigkeiten und Fehler begünstigen. Aus der bekannten Struktur der Sprache der Poesie, des Mythos, des hymnischen Sprechens sowie aus Worten und Gesprächen der Religion, Transzendenz, aber auch aus der Alltagserfahrung spontaner Sprachkreationen ergibt sich die Erfahrung, daß das Wort gar nicht dazu da sein kann und will, sich an einer sinnlich erfahrbaren Tatsache messen zu lassen.

Dazu eine Geschichte aus dem alten China:

Der Kaiser fragt Kyoyu, den Weisen:
„Ihr seid ein großer Mann. Ich möchte Euch mein Reich überlassen. Nehmt Ihr das Angebot an?"

4) Vgl. Die Sprüche Salomons. Z. B. 13,24; 19,18; 22,15; u.a.

Kyoyu, dem das gar nicht gefiel, sagte nur:
„Diese Worte haben meine Ohren befleckt."
Und er ging davon, um sich die Ohren im nächstgelegenen Fluß zu waschen. Da kam ein Freund mit einer Kuh ans Ufer.
„Warum wäscht du dir die Ohren?" fragte er.
„Heute bin ich sehr unzufrieden. Der Kaiser hat mich zu seinem Nachfolger machen wollen. Er hat mir sein Reich angeboten. Meine Ohren sind von diesen Worten beschmutzt, und so wasche ich sie nun."
Sein Freund entgegnete:
„Ich wollte eigentlich meine Kuh in diesem Wasser tränken, und jetzt ist es schmutzig ..."[5]

Warum auch immer dieser Kyoyu das Angebot so schrecklich findet, niemand, der auch nur einige Erfahrung mit poetischem oder metaphorischem Sprechen hat, wird annehmen, daß das Flußwasser durch das Ohrenwaschen tatsächlich zu schmutzig geworden ist, um den Durst der Kuh zu stillen. Die gebotene Bilderfolge (schmutzige Ohren – Waschung – verschmutzter Fluß) zeigt humorvoll-drastisch ein sehr großes Ausmaß an Unzufriedenheit über das Gehörte. Der besondere Charme der Geschichte liegt darin, daß sie ein übliches Sprachverfahren umkehrt. Nicht das sinnlich Erfahrbare wird auf abstrakt Geistiges übertragen (etwa Schmutzflecken auf *mit Sünden befleckt*), sondern das seelisch-geistig empfundene Beflecken – durch das Angebot – wird als etwas sinnlich Erfahrbares – Flußverschmutzung – dargestellt.

Die Fähigkeit, gegenständlich Gemeintes und abstrakt Gemeintes zu unterscheiden, ist ein grundlegendes Element im Sprachvollzug unserer Kultur. Noch vor dieser Eigenschaft steht die Statthalter-Funktion der Sprache überhaupt: Sprache stellvertretend für Wirklichkeit. Sten Nadolny läßt in seinem Roman *Selim oder Die Gabe der Rede* den Protagonisten Alexander das folgendermaßen notieren:

Sprache lenkt den Blick, sie stellt ein Bild aus Worten her, damit wir nicht

5) *Shinjinmei* 1979: 172.

ständig alle laufen und gucken müssen, um etwas über die Situation zu wissen, sondern es im Sitzen zur Kenntnis nehmen und in Ruhe bedenken können. Sie transportiert Mutmaßungen und Gewißheiten über Zusammenhänge. Sie gibt Anweisungen, verteilt Arbeit, Lob und Tadel. Sie begründet neue Worte und die Änderung von Wortbedeutungen.[6]

Die Stellvertreterfunktion der Sprache zwingt uns, bestimmte Arten von Widersprüchen zwischen Wort und Wirklichkeit als selbstverständlich und richtig anzusehen. In Nestroys Stück *Der böse Geist Lumpazivagabundus* liest der Tischlermeister Hobelmann einen von Leim an dessen Freunde Zwirn und Knieriem geschriebenen Brief vor:

HOBELMANN [...] (Liest.) „Wie gern wär' ich heute bei euch, aber meine traurige Lage macht es unmöglich. Ich bin krank –"
ZWIRN Da sollten S' doch mit ein' Doktor reden.
HOBELMANN Warum denn?
ZWIRN Sie sagen ja, Sie sein krank.
HOBELMANN Das schreibt ja der Leim, der ist krank!
ZWIRN Ja, von wem ist denn der Brief?
HOBELMANN Von Leim.
ZWIRN Ah so – von Leim.
HOBELMANN (liest weiter) „Ich bin krank und liege in Nürnberg im Spital –"
ZWIRN Herr Hobelmann, foppen müssen S' mich nicht! Ich kann auch grob sein. Wie können Sie denn sagen, Sie liegen in Nürnberg im Spital, und stehen da neben meiner?
HOBELMANN Aber den Brief schreibt ja der Leim.
KNIERIEM Der Leim.
ZWIRN Ah so – der Leim.[7]

Zwirns Mangel an Abstraktionsvermögen wirkt verblüffend, komisch, bemitleidenswert, unverständlich – je nach reagierender Einschätzung. Er macht jedenfalls deutlich, was wir bei Literatur, üblicherweise unbewußt, innerlich vollziehen: Wir trennen die erzählte Wirklichkeit vom hic et nunc des Kalendertages und des Raumes, in dem wir uns befinden. Im Gegensatz dazu prüft Zwirn das Gehörte am unmittelbaren Erle-

6) Nadolny 1990: 339.
7) Nestroy 1970: 237f.

ben. Er bezieht es auf den Sprecher Hobelmann und fühlt sich gefoppt: Ein Mann, der lesend im Zimmer eines Wiener Tischlers steht, kann nicht gleichzeitig in Nürnberg im Spital liegen. Die besondere Ironie Nestroys kommt erst nach der Briefszene zum Tragen. Zwirn hat die Sache nach einigen ungeduldigen Ermahnungen endlich begriffen und beschließt mit Knieriem, Leim in Nürnberg zu besuchen. Leim, der hinter der Türe gehorcht hat und nur die Gesinnung seiner ehemaligen Gefährten prüfen wollte, ist aber nicht in Nürnberg und nicht krank. Bei Wein und Braten wird das Wiedersehen gefeiert. Die absichtliche Täuschung hat niemand übelgenommen.

Absichtliche Fälschung und Lügen, die An-sich-Mögliches und In-sich-Stimmiges beschreiben, lassen sich nicht anhand der Sprache entlarven. Dazu muß zusätzliche Information her. Geht man vom Fall einer Kommunikation aus, bei der alle Beteiligten ehrlich ihr Bestmögliches leisten, so sind immer noch Teil-Täuschungen, Verzerrungen und Ungenauigkeiten möglich. Unser Wahrnehmungsapparat kann gut oder weniger gut geschult sein. Er ist vorgeformt, nicht nur durch die Möglichkeiten der Sprache an sich, auch durch kulturelle Usancen und private Geschichte. Vieles davon entzieht sich der genauen Beschreibung. Christa Wolf gibt ein treffendes Beispiel, wenn sie in *Kindheitsmuster* ihr kindliches Alter Ego, Nelly, etwas Schreckliches erleben und darüber schweigen läßt: Nelly hat einen Exhibitionisten gesehen und weiß kaum, wie sie nach Hause gekommen ist. Aber

fest steht, Nelly sagte nichts, weil sie ihr Erlebnis [...] sofort unter diejenigen Vorfälle einordnete, über die strenges, unverbrüchliches Stillschweigen zu bewahren war. Wieso eigentlich? Das wäre eine der Fragen, auf die zu antworten fast unmöglich ist, denn die Antwort könnte sich auf nichts Handgreifliches stützen, müßte sich auf Blicke berufen, ein Flattern der Augenlider, ein Sich-Abwenden, die Veränderung des Tonfalls mitten im Satz, das Abbrechen der Rede, nicht oder falsch zu Ende geführte Gesten: Jene zahllosen Einzelheiten eben, die strenger als Gesetze regeln, worüber zu reden, was unwiderruflich zu verschweigen ist und wie.[8]

Von solchen früh eingeübten Verhaltensweisen über persönliche Veranlagung, Schulung, Sprache, Kultur und vieles andere mehr ist unser Wahrnehmen geformt und steht uns je nach Tagesverfassung mehr oder weniger gut zur Verfügung. Die Bezüge, die von den Worten zu innerlich erlebten Tatsachen hergestellt werden, sind also nicht nur von einer ohnehin komplizierten Sprache abhängig.

8) Wolf 1979: 186. Vgl. dazu auch Aspöck 1982: 25ff.: *1.2.1. Es gibt viele Formen, einem anderen Menschen etwas zu sagen*, sowie Miller 1980: 54: *„Sehr beliebte und oft unbewußt angewandte Methoden sind der Blick und der Ton."*

DAS VORBESCHÄFTIGTSEIN UND DIE SCHWARZEN LÖCHER DER WAHRNEHMUNG

Wenn uns ein Text begegnet, sind wir nicht nur vorgeformt in unserer Weise des Wahrnehmens, wir sind auch innerlich und/oder äußerlich mit etwas beschäftigt. Je mehr der Text unsere momentanen Interessen berührt, umso eher beschäftigen wir uns intensiv mit ihm. Je entfernter der Text unseren Interessen und unserer Lebenslage ist, desto schwieriger und äußerlicher wird unser Umgang mit ihm sein. Unsere Gestimmtheit, unsere Ausgangsbasis und unsere Bedürfnisse motivieren uns zur selektiven Wahrnehmung; zu einer Wahrnehmung, die aus dem Dargebotenen wählt – selektiert –, was für uns von Interesse und praktischem oder emotionalem Nutzen ist.

Ein Beispiel aus Lessings *Minna von Barnhelm*:

Der Siebenjährige Krieg ist vorbei. Das sächsische Fräulein Minna von Barnhelm hat seit Kriegsende nichts mehr von ihrem Verlobten, Major von Tellheim, gehört. Mit ihrer Zofe Franziska, die auch ihre Freundin ist, reist sie nach Berlin in der Hoffnung, dort etwas über Tellheim in Erfahrung zu bringen. Die beiden jungen Frauen haben ein Zimmer bezogen, und nach dem morgendlichen Aufstehen versucht Franziska, das Fräulein zu unterhalten und zu beschäftigen. Aber Minna hat keinerlei Interesse am angebotenen Frühstück, sie hat kein Interesse an ihrer Garderobe und kein Interesse an Franziskas Kommentaren zum Stadtleben. Da sagt Franziska etwas über zu offenherziges Reden, und wie sich das wohl vermeiden ließe:

> FRANZISKA Lieber die schönsten Zähne nicht gezeigt, als alle Augenblicke das Herz darüber springen lassen!
> DAS FRÄULEIN Was? Bist du so zurückhaltend?
> FRANZISKA Nein, gnädiges Fräulein, sondern ich wollte es gern mehr

sein. Man spricht selten von der Tugend, die man hat; aber desto öf-
trer von der, die uns fehlt.[9]

Hier wird Minna aufmerksam. Vermutlich durch das Wort Tugend hat sie Verbindung zu ihren Interessen herstellen können.

DAS FRÄULEIN Siehst du, Franziska? Da hast du eine sehr gute Anmerkung gemacht. –
[...] Und weißt du, warum ich eigentlich diese Anmerkung so gut fin-
de? Sie hat viel Beziehung auf meinen Tellheim.
FRANZISKA Was hätte bei Ihnen nicht auch Beziehung auf ihn?
DAS FRÄULEIN Freund und Feind sagen, daß er der tapferste Mann von
der Welt ist. Aber wer hat ihn von Tapferkeit jemals reden hören? Er
hat das rechtschaffenste Herz, aber Rechtschaffenheit und Edelmut
sind Worte, die er nie auf die Zunge bringt.[10]

Es entspinnt sich in der Folge ein angeregtes Gespräch. Minnas Bedürfnis, liebevoll und mit Begeisterung von ihrem Verlobten zu sprechen, hat sich Raum geschaffen.
Das Beispiel steht, wenn man so will, für einen Fall milder selektiver Wahrnehmung; Minna hat das, was Franziska vorher
gesagt hat, ja wenigstens gehört, auch wenn sie nicht näher
darauf eingegangen ist.
Krassere Beispiele selektiver Wahrnehmung betreffen immer
wieder den Bereich des Sexuellen. Vorbeschäftigt mit bewe-
genden, ungeordneten, ungelebten, verdrängten, sich vor-
drängenden Impulsen und den zugeordneten Reaktionen von
Scham, Schuld, Aufbegehren, Schmerz und Gegendruck,
wird für manche ZuhörerInnen auch aus dem harmlosesten
Gusto auf eine Banane die Wahrnehmung einer sexuellen
Story. Eine Art Tellheim-Effekt tritt in Kraft: Das bewußte oder
unbewußte Interesse wählt einen zu ihm passenden Inhalt
aus Anlaß des Gehörten.
Selektive Wahrnehmung entsteht nicht nur aus Gründen, die

9) Lessing 1962: 23.
10) Ebda.

18

in den einzelnen Personen liegen. Im verstehenden Hören oder Lesen müssen wir in gleicher Weise agieren wie beim Sprechen. „Im Sprechakt, selbst, wenn er aus nur wenigen Worten besteht, müssen wir Tausende von semantisch und syntaktisch erheblichen Selektionen vornehmen."[11]

Das Wort selbst, die Ausdrucks- und Kommunikationsabsicht, die Umgebung des Wortes, sei es geschrieben oder gesprochen, signalisieren bestimmte Inhalte. Dieselben Worte können in unterschiedlichen Kombinationen unterschiedliche Inhalte transportieren. Beim Kaffeetrinken wird jede/r „Nimm dir den Kuchen" als Aufforderung zum Genuß des Kuchens verstehen. Je nach Geneigtheit wird man den Kuchen nehmen oder nicht. Bei der Formulierung „Nimm dir das Leben" – an wen auch immer gerichtet – hört man im allgemeinen eine Aufforderung zum Selbstmord. Stellt man die beiden Sätze aber nebeneinander, „Nimm dir den Kuchen", „Nimm dir das Leben", so kippt die Bedeutung des letzteren in ihr Gegenteil, und er wird eine Aufforderung zum aktiven Anspruch auf das Leben und seine Genüsse.

Wie die Abstraktion und das Wechseln der Bezugsmöglichkeiten konkret/abstrakt, ist auch die Selektion selbstverständlich und unerläßlich. Aber eben nur der *Vorgang* ist garantiert notwendig und angebracht; was dabei ausgewählt wird, kann falsch sein. Falsch heißt hier: nicht dem üblichen Gebrauch der Worte entsprechend oder in Richtungen führend, die vom Text nicht vorgegeben sind. Zwar sind Wörter und Sätze bis zu einem gewissen Grad immer vage, sie sind auch historisch bedingt und ändern sich im Laufe der Zeit, die übliche Verwendung legt aber doch einiges an Beziehung zwischen den Tatsachen der Welt und den Worten fest.

Ist das Vorbeschäftigtsein extrem stark, so kann es gesche-

11) Lay 1986: 82.

hen, daß die Selektion etwas wählt, was im gebotenen Sprachmaterial nicht enthalten ist. In einem solchen Fall möchte ich von projektiver Wahrnehmung sprechen: Wie auf eine verbale Filmleinwand wird etwas in das Sprachmaterial projiziert, was dort einfach nicht vorhanden ist. Innerpsychisch oder in der Kommunikation zwischen mehreren Menschen wird dann über ein Phantom weitergeredet. Wie in H.C. Andersens Märchen *Des Kaisers neue Kleider* wird dabei verhandelt und geurteilt über etwas, was nicht existiert. Oder andersherum betrachtet: Der Betrug der beiden Weber, die dem Kaiser ganz besondere Kleider versprechen, existiert; darüber wird aber nicht gesprochen.

Es gibt einen Bereich, in dem projektive Wahrnehmung leicht zu diagnostizieren ist, das ist das angebliche im voraus Wissen, was der/die andere sagen wird. Insbesondere gegenüber PolitikerInnen ist es üblich, im voraus fixe Annahmen darüber zu haben, was sie sagen werden. Das erschwert konstruktive Gespräche beträchtlich. In Einzelfällen kann es gefährlich sein, in einigen Fällen amüsant. So meinte in der Neujahrsanprache 1989 ein hochrangiger Politiker, daß im abgelaufenen Jahr das Vertrauen der Bevölkerung in die Politiker gelitten hätte; die Politiker müßten versuchen, fügte er hinzu, „das Vertrauensverhältnis zur österreichischen Bevölkerung wieder zu verstärken".[12]

Aus einer anderen – lang erwarteten und vielbeachteten – Rede eines Politikers wurde oft und unkritisch zitiert, daß er von der „Ohnmacht des Zwanges unter der Naziherrschaft"[13]

---

12) Bundeskanzler Franz Vranitzky in seiner Neujahrsanprache zum Jahreswechsel 1988/89 im Österreichischen Rundfunk.
13) Am 19. Mai 1987 hielt Bundespräsident Kurt Waldheim eine Fernsehansprache, um zu seiner Beteiligung am Zweiten Weltkrieg, seinen Aussagen darüber, den Reaktionen und neuesten Entwicklungen in der heftig um seine Person und sein Amt geführten Diskussion Stellung zu nehmen. Die vollständige Ansprache s. *Wiener Zeitung* vom 20. Mai 1987: 4.

gesprochen habe. Wäre der *Zwang* ohnmächtig gewesen zur Zeit der Herrschaft der Nationalsozialisten, so hätte es ihn eben nicht gegeben, so hätte kein Zwang ausgeübt werden können, denn ein ohnmächtiger Zwang ist keiner. *Gemeint* war selbstverständlich die Ohnmacht der einzelnen Menschen gegenüber der Naziherrschaft (was man diskutieren könnte). In der verwendeten Formulierung passierte sprachlich gesehen die Umkehrung von Subjekt und Objekt, von Täter und Opfer. Aber nicht einmal die politischen GegnerInnen haben den Fehler zu einem öffentlichen Thema gemacht; wenige werden ihn bemerkt haben. Jede/r wußte, was der Betreffende sinngemäß sagen werde und projizierte es in das Gehörte. Wenn in der Literaturwissenschaft von Brechts These „Mann ist Mann" die Rede ist, die Brecht im gleichnamigen Stück vertreten hätte und dort angeblich auch beweise, so ist auch das ein Fall von Projektion. Eine Tautologie kann keine These sein, ein Theaterstück ebenfalls nicht. Die Inhalte, die abgehandelt werden, wenn vom Beweis für diese These die Rede ist, sind projiziertes Material aus dem Stück, aus dem Alltag und aus dem Wissen um den Autor Brecht.[14]

Die Summe aus Vorbeschäftigtsein von innen und von außen kann auch Fehlurteile zur Folge haben, die durch Jahrzehnte hindurch von WissenschafterInnen wiederholt werden. Nachgefehlt. 1810 veröffentlichte Heinrich von Kleist die Prosaschrift *Über das Marionettentheater*. Der Text besteht aus einem Gespräch, das der Erzähler „1801 in M …" mit „Herrn C" führt; Überlegungen und Anekdoten sind eingestreut. Die beiden unterhalten sich, von den Marionetten ausgehend, über Bewegung, Tanz, Anmut und Grazie sowie Geist und Bewußtsein. Wie Kleists Werk insgesamt, so ist auch diese Schrift

---

14) Z. B. Hennenberg 1963: 105: „[...] der Titel verkündet eine These, die die Handlung beweist. Der Beweis..."; oder: Schumacher 1955: 109; Tabbert-Jones 1984: 142; u.a.

erst im 20. Jahrhundert ausführlich zur Kenntnis genommen worden. Als Schlüssel-Text zur Deutung von Kleists Gesamtwerk oder Bezugs- und Ausgangspunkt in vielfältigen germanistischen und philosophischen Überlegungen ist *Über das Marionettentheater* in den letzten Jahrzehnten zu einer vielbeachteten Arbeit geworden. Auch wer dem Text ohne Wissen um Deutungen begegnet, erfährt bald aus dem Gespräch des Erzählers mit Herrn C., daß hier die Behauptung abgehandelt wird, Bewußtsein zerstöre Grazie. Der Vorteil der Marionette sei es, daß sie nicht denke; die Bewegungen, die sie zu vollführen imstande sei, „vollziehen sich mit einer Ruhe, Leichtigkeit und Anmut, die jedes denkende Gemüt in Erstaunen setzen." Ein wenig später meint der Erzähler, daß er „gar wohl wüßte, welche Unordnungen, in der natürlichen Grazie des Menschen, das Bewußtsein anrichtet". Zur Illustration erzählt er folgende Begebenheit:

Ich badete mich, erzählte ich, vor etwa drei Jahren mit einem jungen Mann, über dessen Bildung damals eine wunderbare Anmut verbreitet war. Er mochte ungefähr in seinem sechzehnten Jahre stehn, und nur ganz von fern ließen sich, von der Gunst der Frauen herbeigerufen, die ersten Spuren von Eitelkeit erblicken. Es traf sich, daß wir gerade kurz zuvor in Paris den Jüngling gesehen hatten, der sich einen Splitter aus dem Fuße zieht; der Abguß der Statue ist bekannt und befindet sich in den meisten deutschen Sammlungen. Ein Blick, den er in dem Augenblick, da er den Fuß auf den Schemel setzte, um ihn abzutrocknen, in einen großen Spiegel warf, erinnerte ihn daran; er lächelte und sagte mir, welch eine Entdeckung er gemacht habe. In der Tat hatte ich, in eben diesem Augenblick, dieselbe gemacht; doch sei es, um die Sicherheit der Grazie, die ihm beiwohnte, zu prüfen, sei es, um seiner Eitelkeit ein wenig heilsam zu begegnen: ich lachte und erwiderte – er sähe wohl Geister! Er errötete und hob den Fuß zum zweitenmal, um es mir zu zeigen; doch der Versuch, wie sich leicht hätte voraussehen lassen, mißglückte. Er hob verwirrt den Fuß zum dritten und vierten, er hob ihn wohl noch zehnmal: umsonst! er war außerstand, dieselbe Bewegung wieder hervorzubringen – was sag ich? die Bewegungen, die er machte, hatten ein so komisches Element, daß ich Mühe hatte, das Gelächter zurückzuhalten. –
Von diesem Tage, gleichsam von diesem Augenblick an, ging eine unbe-

greifliche Veränderung mit dem jungen Menschen vor. Er fing an, tagelang vor dem Spiegel zu stehen; und immer ein Reiz nach dem anderen verließ ihn. Eine unsichtbare und unbegreifliche Gewalt schien sich, wie ein eisernes Netz, um das freie Spiel seiner Gebärden zu legen, und als ein Jahr verflossen war, war keine Spur mehr von der Lieblichkeit in ihm zu entdecken, die die Augen der Menschen sonst, die ihn umringten, ergötzt hatte. Noch jetzt lebt jemand, der ein Zeuge jenes sonderbaren und unglücklichen Vorfalls war und ihn, Wort für Wort, wie ich ihm erzählt, bestätigen könnte. [15]

Die Annahme, diese Episode sei eine Illustration dafür, daß Bewußtsein Grazie störe, ist Projektion. Die Geschichte wird als Beweis für etwas genommen, was sie von sich aus nicht bringt. Das Geschehen verläuft anders: Der Jüngling sieht im Spiegel die Ähnlichkeit mit der antiken Statue des Dornausziehers;[16] dieses Bewußtsein stört seine Grazie keineswegs; er teilt seine Beobachtung dem Erzähler – vermutlich eine Art väterlicher Freund, der mit ihm Reisen unternimmt und ins Bad geht – mit. Dieser hat zwar eben dieselbe Beobachtung gemacht, aber er lacht und sagt, „er sähe wohl Geister!" Nach dieser spöttischen Lüge ist der junge Mensch verstört. Nicht die exakte Reflexion durch den Spiegel und die gleichzeitige Bewußtwerdung haben einen Bruch zur Folge, der Schaden entsteht erst durch die Lüge des Erwachsenen. Es stimmt *nicht*, daß der Jüngling „durch die Situation vor dem Spiegel in die Spaltung gerät"[17] (B. v. Wiese), daß er „sich

15) Kleist 1990: 89f.
16) Der Vollständigkeit halber sei erwähnt, daß sich die als *Dornauszieher* bekannte antike Statue in Rom befindet und einen sitzenden, nackten Knaben darstellt, dessen linker Fuß auf dem rechten Oberschenkel liegt; der Knabe schaut auf die Fußsohle und greift mit der rechten Hand vermutlich auf einen Dorn. Da der Kleistsche Jüngling „den Fuß auf den Schemel setzte, um ihn abzutrocknen", kann es nicht die Körperhaltung sein, auf die sich die Ähnlichkeit bezieht; oder es ist nicht die uns als *Dornauszieher* bekannte Statue, obwohl die Forschung von letzterem als Tatsache ausgeht. Der Einfachheit halber halte ich mich an die in der Sekundärliteratur übliche Bezeichnung.
17) Wiese 1967: 206.

seiner Anmut begibt, als er, sich im Spiegel betrachtend, sich seiner Bewegungen bewußt wird"[18] (H. Plügge), daß er „sich wie der Narzissus des antiken Mythos in das eigene Spiegelbild verliebt und nicht mehr davon loskommt"[19] (J. Kunz), daß er „an der eigenen Widerspiegelung irre wird"[20] (L. Ryan), daß er „vor dem Spiegel [...] durch sein Bewußtsein jede Unmittelbarkeit verliert"[21] (P. Böckmann), oder daß er seine „Anmut durch Bewußtheit und Eitelkeit" verspielt[22] (E. Heller). Alle diese Autoren und andere nehmen die Rolle, die der Erwachsene in dieser Episode spielt, nicht wahr. Er wird als Verursacher der Veränderung übergangen, ausgelassen. Sein Eingriff bleibt unerwähnt, obwohl er entscheidend ist. Denn erst durch das lügenhafte Wort des Erwachsenen nistet sich die Art Bewußtsein ein, die stört. Der Bruch zwischen Anmut und Bewußtsein ist vom Erwachsenen erzeugt, weil der verbale Befund dem Erleben des Jungen und der Wahrheit widerspricht. Das Vertrauen des Jungen zu seiner eigenen Wahrnehmung ist gestört.

Wie Menschen mit Sprache verletzen, ja auch im psychischen und sozialen Sinn töten können, erläutert Rupert Lay in seinem Buch *Die Macht der Wörter*. „Wir Menschen sind viel mehr, als wir gemeinhin ahnen, anderen Menschen ausgeliefert."[23] Die Mitglieder eines sozialen Verbandes sind durch vielerlei aufeinander bezogene Handlungen, Interaktionen, miteinander verbunden und aufeinander angewiesen. „In mancherlei Facetten gebrochen und teils entstellt, mitunter gar widersprüchlich, spiegeln sie [die Mitglieder] einem Menschen ein Bild von sich selbst wider."[24] Auf diese Sozialbin-

18) Plügge 1967: 57.
19) Kunz 1967: 78.
20) Ryan 1976: 171.
21) Böckmann 1967: 42.
22) Heller 1981: 265.
23) Lay 1986: 15.

dungen und auf diese Spiegelung ist der/die einzelne in hohem Maße angewiesen. Wenn der Mensch

> sein Selbst nicht mehr spiegeln kann, wird es zunehmend unerkennbar. Dieses ‚Nicht-mehr-erkennen-Können' wer man eigentlich sei, führt zu schweren psychischen Krankheitsbildern [...] Wir wissen bald nicht mehr, wer wir sind, wenn es uns andere nicht mitteilen. Und wir werden sehr bald der, zu dem die anderen sprechen.[25]

Eben das passiert dem Jüngling der Geschichte. Die Widerspiegelung durch den Erwachsenen funktioniert nicht. Im Streit der Wahrnehmungen wird er zu dem, den der andere angesprochen hat. Ihm wurde beigebracht, er sei nicht anmutig, also ist er es als Folge davon tatsächlich nicht. Das Aufrechterhalten der sozialen Bindung ist wichtiger als die eigene Anmut und die eigene Wahrnehmung.

R. Lay empfiehlt, „einmal darüber nachzudenken, warum der Gesetzgeber die Formen physischer Tötung strafrechtlich verfolgen läßt, nicht aber die Formen der sozialen und psychischen Tötung".[26] Und das, obwohl das Grundgesetz[27] „aus guten Gründen die menschliche Würde als höchstes zu schützendes Rechtsgut"[28] nennt. Der Erwachsene in Kleists Erzählung merkt nicht, was er anrichtet. Statt die eigene Schuld zu sehen, beschämt er sein Gegenüber. Warum übersieht es aber auch der/die LeserIn so leicht – und vermutlich hat Kleist es selbst nicht gesehen? Erzählt man die Episode aus dem Blickwinkel des Jünglings, so mag sie vielleicht so klingen: „Ich machte meinen Onkel auf eine Entdeckung aufmerksam, die mir gerade viel Freude machte. Er lachte mich aus und sagte, ich sähe wohl Geister. Ich war beschämt."

24) Lay 1986: 16.
25) Lay 1986: 16f.
26) Ebd.
27) Lay spricht von der Bundesrepublik Deutschland.
28) Lay 1986: 18.

Auf diese Art kommt die Brutalität der Tat des Erwachsenen unübersehbar zum Vorschein. Warum in der Originalversion nicht? Offensichtlich gelingt es dem Text, mit den Lesenden dasselbe zu machen wie der Erzähler mit dem Jüngling: die eigene Wahrnehmung wird hintangestellt, das, was man gesagt bekommt, wird für wahr genommen. Ohne Überprüfen am Erleben. Das Vorbeschäftigtsein stellt zu diesem Ziel drei Weichen: Erstens zieht ein Erzähler die Lesenden leichter in *seine* Sicht der Dinge als in die Sicht anderer Beteiligter, noch dazu, wenn er wie hier den Betreffenden auslacht;[29] zweitens ist im Text schon sprachlich vorgegeben, was gesehen werden soll: Bewußtsein zerstört Grazie; und drittens gibt der Erzähler mögliche Gründe für sein Verhalten an, was formal eine gewisse Rechtmäßigkeit suggeriert. Er habe es getan, sagt er, „sei es, um die Sicherheit der Grazie, die ihm beiwohnte, zu prüfen, sei es, um seiner Eitelkeit ein wenig heilsam zu begegnen". Von der verbreiteten Annahme ausgehend, ein Erwachsener tue nur etwas, wofür er gute Gründe habe, entsteht für die Lesenden durch die angeführten möglichen Gründe der Eindruck, es gäbe *berechtigte* Gründe. Berechtigt hieße im Vertrauensverhältnis Jugendlicher/Erwachsener: zum Wohl des Jugendlichen; zum gemeinsamen Wohl oder um sonst eines positiven Zieles willen. Ist der Erzähler berechtigt, „die Sicherheit der Grazie", die dem Jüngling „beiwohnte", zu prüfen? Er prüft sie nicht, er zerstört sie. Wäre die Sache mit der Eitelkeit ein berechtigter Grund?

29) „[...] es fällt uns schwer, das zu glauben, was uns Mitgefühl für ein Opfer abverlangen würde", schreibt Arno Gruen (Gruen 1989: 92) in seinem aufschlußreichen Kommentar zu einem grausamen Mord an einer jungen Frau und fährt fort: „Oft hassen wir die Opfer nachgerade: Sie verursachen in uns großes Unbehagen, wir schämen uns für unser Mitgefühl, weil wir das Opfer in uns selbst hassen. Der Haß resultiert aus der Scham, daß wir uns selbst einmal zu Opfern gemacht haben, als wir uns unterwarfen. Und daran wollen wir nach Möglichkeit nicht erinnert werden."

Der Erzähler dämmt nicht Eitelkeit ein, er vermindert die Fähigkeit zur Selbstwahrnehmung und damit die Autonomie des Jünglings. Die „Gewalt", die sich daraufhin „wie ein eisernes Netz um das freie Spiel seiner Gebärden zu legen" schien, war die an dem Jungen zerstörerisch wirkende Erziehungsgewalt. Der Erwachsene hat seine Macht erprobt und vermehrt. Kaum jemand ist vom anderen so sehr abhängig wie jemand, der/die seiner oder ihrer eigenen Wahrnehmung nicht trauen kann.

Der Erzähler läßt sich herbei, den Vorfall als einen „sonderbaren und unglücklichen" zu bezeichnen. Er hat kein Bewußtsein eigener Schuld an dem Unglück. Im Gegenteil, er hat Mühe, „das Gelächter zurückzuhalten". Sein Betrug amüsiert ihn. Das Leiden, das er verursacht hat, ist ihm komisch.

Die Schönheit wollte er nicht anerkennen, das Leiden findet er zum Lachen. Damit demonstriert er genau das, was er verbreitet: gestörte Wahrnehmung. Der Jüngling errötet, ist also beschämt, und leidet, aber der Erzähler *nimmt* die Sache für sich als komisch *wahr*.

In den 180 Jahren seit der Niederschrift von Kleists Text haben es ungezählte LeserInnen und WissenschafterInnen mit ihm so gelesen. Aus dem Geflecht von Strukturen und Impulsen, die dafür verantwortlich sind, sei hier die sogenannte Eitelkeit noch gründlicher betrachtet. Der Erzähler erwähnt sie zweimal: an dem Jungen „ließen sich, von der Gunst der Frauen herbeigerufen, die ersten Spuren von Eitelkeit erblicken"; und in: „sei es, um seiner Eitelkeit ein wenig heilsam zu begegnen." Was wird als *wahr* genommen, sobald dieses Wort auftaucht? Eitelkeit läßt sich umschreiben als Putzsucht oder als allzusehr zur Schau gestellte Freude oder pseudofreudiges Gehaben über die eigenen Fähigkeiten, Eigenschaften oder Leistungen, ein demonstratives Überbewerten der eigenen, ganzen Person auf Grund von Einzelmerkmalen oder Besitz. Nüchtern betrachtet, zeigt dieses Wort eine seltsame Substanzlosigkeit:

Ein Mensch, der sich merklich über sich selbst freut oder dessen Selbsteinschätzung zu hoch ist, wird eitel genannt. Was ist schon dabei, wenn jemand besser über sich denkt oder spricht, als es üblich oder der Wahrheit gemäß wäre? Trotzdem hat das Wort im erzieherischen Bereich eine spürbar verurteilende Aufladung. Ein kämpferisches Konzept klingt an, das mit Lächerlich- und Verächtlichmachen zu tun hat. Nicht die Selbsteinschätzung wird relativiert, sondern der Mensch als Ganzes abgewertet. Hätte der Jüngling gesagt, er habe braune Haare und blaue Augen und sei 1,70 Meter groß, niemand würde das mit Eitelkeit in Verbindung bringen. Er hat aber die ebenfalls richtige Beobachtung mitgeteilt, daß er dem Dornauszieher ähnlich, also schön und anmutig, sei. Der Erwachsene kontert mit einer Geste des Kämpfens. Von der katholischen Beichte bis zur marxistischen Selbstkritik gibt es in unserer Kultur eine intensive Pflege der Selbstanklage. Wer sich eines Fehlers bezichtigt, dem wird geglaubt; ihm wird, je nach Umständen, die Absolution der Kirche, das Wohlwollen der anderen oder Strafmilderung zuteil. Das Gegenstück fehlt: Positive Wahrheiten über sich selbst zu sagen, hat bei uns keine Tradition. Es ist schwer vorstellbar, wie jemand mit warmer Begeisterung oder herzlicher Freude über die eigene Schönheit, Anmut oder Intelligenz spricht. Wenn überhaupt, dann ironisch oder grotesk verzerrt. Für einen positiven Befund über sich selbst aus dem eigenen Befinden heraus gibt es keinen gesellschaftlichen Raum, keine Bezeichnung. Selbst-Unwertgefühl darf sich umweglos äußern, Selbstwertgefühl nicht. Ein positives Gegenstück zu Selbstkritik wäre Eigenlob; da weiß schon die Redensart, daß es *stinkt*. Über den Umweg von nachweis- und verbuchbaren Leistungen ist eine Art indirektes Eigenlob möglich; als einfache, subjektive Freude an sich selbst ist es verpönt. Als Leistung eines antiken Bildhauers gilt die an der Statue sichtbar gemachte Anmut, als Eigenschaft

an sich selbst empfunden, gilt sie für Eitelkeit des Jünglings. Für die Gesellschaft ist der Unterschied zwischen Selbstanklage und Selbst-Freude groß: Wer sich anklagt, liefert sich der Gemeinschaft, der Macht der anderen aus; wer aus eigenem Beschluß aufgrund eigener Wahrnehmung Positives von sich hält, entzieht den anderen Macht. Sie können ihn nicht beschämen und ihn viel weniger leicht manipulieren.
Wie das Eigenlob ist auch der Eigensinn schwer in Verruf.
Was bei Erwachsenen als Individualität eventuell noch bewundert wird, wird bei Kindern als Eigensinn und Halsstarrigkeit seit Jahrhunderten scheel angesehen und verfolgt. Trotz der grundlegenden Analysen und Darstellungen der Wissenschafterin und Therapeutin Alice Miller, geistert auch heute noch bei vielen Erwachsenen die Furcht vor dem eigensinnigen oder angeblich tyrannischen Kind durchs Gemüt. Und weil die Grausamkeit nicht so offensichtlich ist wie bei körperlicher Züchtigung, wird seelische Grausamkeit eingesetzt und „mit dem wohlwollenden Wort Erziehung mystifiziert.“[30] Es geht dabei darum, *„Kinder so zu erziehen, daß sie nicht merken*, was man ihnen zufügt, was man ihnen nimmt, was sie dabei verlieren, wer sie sonst gewesen wären“.[31] Dafür ist die diskutierte Episode im *Marionettentheater* ein Exempel. Der Jüngling merkt nicht, was ihm zugefügt wird, der Erzähler merkt nicht, was er tut. Kleist, so ist anzunehmen, hat auch nicht gemerkt, was er beschreibt. Und beim Lesen sowie an nachweisbaren Reaktionen durch Jahrzehnte hindurch, zeigt sich, daß da etwas mit großer Kraft der Wahrnehmung entzogen ist.

30) Miller 1980: 18, vgl. auch 121: „Im Gegensatz zur allgemein verbreiteten Meinung und zum Schrecken der Pädagogen kann ich dem Wort ‚Erziehung‘ keine positive Bedeutung abgewinnen. Ich sehe in ihr *die Notwehr des Erwachsenen, die Manipulation aus eigener Unfreiheit und Unsicherheit,* die ich zwar verstehen kann, deren Gefahren ich aber nicht übersehen darf.“
31) Miller 1980: 29.

Beim Vorbeschäftigtsein haben wir es nicht nur mit Inhalten zu tun, die wir selbst in den Vordergrund drängen, wir haben es auch damit zu tun, daß wir Inhalte ausschließen, ausradieren, tendenziell *nicht* wahrnehmen. Als Gegenstück zum Tellheim-Effekt gibt es eine Art Schwarze Löcher der Wahrnehmung: Was bestimmte Kriterien aufweist, wird ausgeblendet, weggesaugt. Wie in der Astronomie sieht und erkennt man diese Schwarzen Löcher nicht per se, sondern nur indirekt daran, daß innerhalb eines bestimmten Radius alles verschwindet. Das ist mehr und zum Teil etwas anderes als ein Tabu. Ein Tabu ist ein Meidungsgebot, das von einer Gruppe, einem Volk oder einer Gesellschaft allgemein beachtet wird. Bestimmte Orte dürfen nicht betreten werden, bestimmte Dinge nicht berührt, gesagt oder getan werden. Daß man dieses oder jenes nicht tut und daß man bei Verletzen des Tabus bestimmte Sanktionen fürchtet oder erwartet, darüber läßt sich sprechen; das ist bewußt. Die Schwarzen Löcher der Wahrnehmung lassen sich nicht direkt benennen. Sie müssen in einer ausführlichen Indizienkette erst auffällig gemacht werden. Zumal dann, wenn sie innerhalb einer größeren Gruppe von Menschen wirksam sind. Wenn sie in Funktion treten, also wenn vom Gegebenen ein strukturell oder inhaltlich wichtiger Teil nicht wahrgenommen wird, folgt meist unmittelbar darauf ein Akt projektiver Wahrnehmung: Das Fort-Gehörte wird ersetzt durch etwas, das sich mit eigener Kraft ohnehin schon anbietet. Meist hat das Projizierte dann sprachlich und argumentativ einen spürbar emotional gefärbten Nachdruck. Gegen Emotionen beim Denken und Argumentieren ist nichts einzuwenden, auch wenn es im wissenschaftlichen Bereich verpönt ist, Gefühle mitsprechen zu lassen. Das Kriterium ist nicht, Gefühle ja oder nein, das Kriterium ist die organische Einheit. Es geht nicht darum, Emotionen als Schiedsrichter einzusetzen. Selbst deutliche emotionale Zustimmung ist nicht automatisch ein Wahrheitsattest für das Gesagte. Ebenso ist emotionale Ablehnung kein zwingender Beweis für einen Fehler. Doch wenn das Gemüt einen heftigen Bescheid gibt, kann es sehr lohnend sein, der Ursache dafür nachzugehen.

Wenn die Trennlinie zwischen abstrakten Gedanken und Emotionen zu rigoros gezogen ist und keine Emotionen mehr wahrgenommen werden, verliert man ein wesentliches Regulativ. Emotionen sind Reaktionen des Gemüts. Sie stehen mit der Wirklichkeit und daher auch mit den im jeweiligen Moment wirkenden Worten in bezug; sie sind „strukturierte Hinweise auf Wirkliches"[32]. Ist die Ursache für eine Emotion dem Verstand nicht oder nicht sofort faßbar, so nennt man das Gefühl oft unrichtigerweise irrational. Die sprachliche Form des Adjektives *ein irrationales Gefühl* stellt Irrationalität als Eigenschaft oder Merkmal des Gefühls dar; in Wirklichkeit hat nur der Verstand des Menschen, der dieses Urteil gefällt hat, die Zusammenhänge zwischen Gefühl und Wirklichkeit nicht erfaßt. Eine andere Person könnte dasselbe Gefühl vielleicht ohne weiteres als verständlich einstufen. Nur, wenn die Herkunft klar ist, läßt sich beurteilen, ob die Gefühle Beherzigenswertes zum Thema sagen oder nicht. Mißachtete Gefühle führen, ebenso wie andere ignorierte Inhalte auch, zu Fehlleistungen. Vermutlich stellen sie jene Kräfte zur Verfügung, die unsere Wahrnehmung verzerren und verrücken.

Will man sich einigermaßen die Chance wahren, daß die Beziehungen zwischen den Worten und den Tatsachen der Welt kommunizierbar bleiben, so wird man jedenfalls den Emotionen ihren Platz lassen müssen. Das Vorbeschäftigtsein muß entsprechende Beachtung finden, die Schwarzen Löcher der Wahrnehmung sollten mindestens gut geortet, möglichst aber aufgelöst werden.

32) Perls 1979: 119.

SAGEN KONTRA MEINEN
oder ALLE MENSCHEN WERDEN BRÜDER

Ein Text ist im allgemeinen das Ergebnis einer Ausdrucks-
oder Kommunikationsabsicht. Beim Reagieren auf Texte
taucht daher immer wieder die Frage auf, wie denn der betreffende Autor oder die Autorin den Text gemeint habe. Lo-
kale, historische, sozial bedingte und andere Sprachbeson-
derheiten müssen in der Rezeption Beachtung finden. Es hat
aber seine Grenzen, sich darauf zu berufen, dieses oder jenes
sei mit einem Text *gemeint*, da ja der Text in jedem Fall etwas
sagt. Wenn ein Widerspruch besteht zwischen dem, was ein/e
AutorIn geschrieben hat und dem, was er/sie gemeint hat,
dann ist der Text nicht optimal: Die sinnvolle Kommunikation
ist erschwert oder unmöglich.

Das gilt *nicht* für Verschiebungen zwischen Meinen und Sagen, die im Rahmen verbindlicher Normen vor sich gehen. Da
diese nachvollzogen werden können, stören sie nicht beim
Rezipieren. Literarische Gattungen wie Parabel, Gleichnis
oder Fabel gehören beispielsweise hierher. Vom Wort her be-
sehen, sind es die Metaphern, die klar einen übertragenen
Sinn transportieren. Sprechhaltungen wie die der Anbetung
oder Ekstase signalisieren auf ihre Weise, daß das Gesagte
nicht identisch ist mit dem Gemeinten, sondern daß das Gemeinte über den Bereich des Sagbaren hinaus ins Unsagbare
geht. Märchen, Science-fiction und ähnliches haben je ihre
eigenen Gesetzmäßigkeiten, die vermitteln, daß von den Erfahrungen des Alltags in bestimmter Weise abgegangen wird.
Das Gemeinsame dieser Text- und Ausdrucksformen ist, daß
die Strukturen bekannt sind, sodaß sogar bei gezielten Über-
tretungen von Gesetzmäßigkeiten die Intention des Gesagten
deutlich wird. Erfahrene BenützerInnen der gegebenen Sprache können jeweils nachvollziehen, was ein Text nach Absicht

seines Autors oder seiner Autorin vermitteln soll. Ohne daß nachgefragt werden muß, was gemeint sei.

Wieder ist es aber die Vielzahl der regulären Möglichkeiten, die das Fehlerhafte verschleiern hilft. Gerade bei literarisch guten Texten gehört es zum Gewinn, den die Lesenden haben, daß Diskrepanzen zwischen Wort und Gemeintem spannungsvoll kreativ überbrückt werden müssen; daß Unvollständiges dazu zwingt, ein Ganzes erst lesend selbst nachzuschaffen; daß anscheinend weit Auseinanderliegendes plötzlich in einem sinnvollen Zusammenhang begriffen werden kann. Dieser ständige Vollzug erhöht die Bereitschaft, auch Unstimmigkeiten hinzunehmen, die sich später rückwirkend als Platzhalter für Inhumanität oder vollzogene Unterwerfung erweisen können. Zwar entsteht auch auf solche Art Spannung. Spannung ist jedoch nicht per se etwas Positives. Es kommt auf die Möglichkeiten an, die sie eröffnet. Die Spannung, Neuland zu betreten, bietet die Chance auf Erlebnisse, die Erfahrung und Wissen bereichern. Eine andere Art Spannung ist die einer Zwickmühle; in der Terminologie der Psychologie double bind genannt: Es bestehen mindestens zwei Möglichkeiten, jede ist unangenehm. Wenn jemand auf dem Boden liegt, ein anderer zieht ihn hilfreich an den Armen hoch, steht aber gleichzeitig mit einem Fuß auf dem Bauch des Liegenden, so ist die Spannung sicher groß, schmerzhaft und unproduktiv. Das einzige, was sich als positiv verrechnen ließe, ist die Tatsache, daß der am Boden Liegende und Gezerrte sich intensiv, wenn auch schmerzhaft, spürt. Insofern ist auf seelischer Ebene für manche Menschen diese Art von Double-bind-Spannung ein (Lust-)Gewinn. Da sie sich für gewöhnlich wenig spüren, ist ihnen die Intensität des Schmerzes ein willkommenes Gefühl von Lebendigkeit. So ist auch die unkreative Spannung eines fehlerhaften Sprachgebrauches manchen willkommen. Im Sinne einer funktionierenden

Kommunikation und im Sinne der Qualität eines Textes, weiterführende, produktive Impulse zu vermitteln, sind die verdeckten Fehler abträglich. Wenn zwischen Gesagtem und Gemeintem kein verbindlicher Zusammenhang verlangt wird, toleriert man Raum für Beliebigkeit oder zukünftige Willkür. Inhalte können im nachhinein unterstellt und verändert werden. Wer gerade am Sprechen oder Handeln ist, hat Gelegenheit den/die andere/n zu übervorteilen.

Ein Text, der Willkür und Übervorteilen zum Thema macht, ist Brechts *Dreigroschenoper*. Folgerichtig wird bis in Sprachdetails genasführt und Verwirrung gestiftet. So beginnt der Bettlerkönig Peachum sein *Lied von der Unzulänglichkeit menschlichen Strebens* mit den Zeilen:

1
Der Mensch lebt durch den Kopf
Der Kopf reicht ihm nicht aus
Versuch es nur, von deinem Kopf
Lebt höchstens eine Laus.[33]

„Der Mensch lebt durch den Kopf": Um dem Satz Sinn zu geben, muß der Kopf als Metapher für Denken verstanden werden und für alle damit zusammenhängenden Anstrengungen, das Leben zu meistern. Die zweite Zeile redet davon, daß diese Anstrengungen nicht ausreichen; wobei die Worte nicht selbst die metaphorische Deutung erzwingen, sondern diese Festlegung durch die erste Zeile unausgesprochen, aber eindeutig vereinbart ist. Wo der Sinn der Kommunikation der ist, mittels eines sprachlichen Vorgangs erfolgreich gemeinsame Sache zu machen, müssen solche Vereinbarungen für die Dauer einer gewissen Einheit, einer Geschichte oder einer Schlußfolgerung gültig bleiben.

Peachum geht es nicht um sinnvolle Kommunikation oder

---

33) Brecht 1967: Bd.2, 467.

darum, schlüssig zu argumentieren. Es geht ihm darum, sein Gegenüber unter Druck zu setzen. Dazu ist es zweckmäßig, auch in winzigen Details Verwirrung zu stifen und Überlegenheit zur Schau zu stellen. Die pseudo-gutmütige Aufforderung „Versuch es nur" transportiert die Haltung der Siegesgewißheit über jemanden, der eventuell dagegen redet. Aus diesem fiktiven Wettstreit geht Peachum mit veritabler Siegergeste hervor: „von deinem Kopf / Lebt höchstens eine Laus". Die Wendung zur Laus macht mit dem letzten Wort der vier Zeilen innere Arbeit notwendig. Die Inhalte vom Kopf als Denken und Anstrengung intellektueller Art müssen losgelassen und der Kopf als Körperteil aus Haut, Blut, Nerven und Knochen ins Bild gerückt werden. In diese Beschäftigung drängt sich der Refrain mit Peachums Erklärung:

Denn für dieses Leben
Ist der Mensch nicht schlau genug.
Niemals merkt er eben
Allen Lug und Trug.[34]

Und da ohnehin von Unzulänglichkeit, Lug und Trug die Rede ist, paßt der vollzogene Fehler und sein Ausnützen zum Übertrumpfen der Zuhörerschaft stimmig in den unstimmigen Vorgang: Ein Großteil der Spannung, die durch die ersten vier Zeilen entstanden ist, beruht auf dem Brechen der Vereinbarung, Kopf als metaphorisch zu verstehen. Das mit dem Gesagten Gemeinte muß auch nicht für kürzeste Zeit gültig bleiben. Was in der Strophe und im ganzen Stück wegen seiner hohen Kunstfertigkeit vielleicht bewundernswert erscheinen mag, ist als Kommunikationsmittel destruktiv. Wo ein solches Sprachverfahren angewendet wird, ist Aggression im Spiel. Es wird nicht miteinander geredet, sondern gegeneinander. Nicht communicare, etwas gemeinsam machen, ist Ziel und

34) Ebda.

35

Zweck des Sprachverwenders, sondern übertrumpfen, ausstechen, unterwerfen. Zuhörende, die sich nicht abgrenzen oder zur Wehr setzen, gehen ein Risiko ein. Die Größe des Risikos hängt vom ungenau besprochenen Sachverhalt und der eigenen Involviertheit ab.

Ein Spezialfall von Bedeutungsverschiebung kann entstehen, wenn die Festlegung auf Außersprachlichem beruht und daher innerhalb des Textes gar nicht nachgewiesen werden kann. Vom persischen Dichter Ferdausi (941–1021) ist eine Geschichte überliefert, die Heinrich Heine in den *Historien* folgendermaßen erzählt: Der Dichter bekommt vom regierenden Schah den Auftrag, das Schah-Nameh zu schreiben, ein poetisches Riesenwerk zur Verherrlichung der persischen Geschichte vom Anfang der Welt bis zur Herrschaft des Auftraggebers. Für jeden Vers des Heldenliedes soll Ferdausi zum Lohn einen Toman erhalten. Wobei jeder davon ausging, daß ein Herrscher immer Gold-Tomans meine, wenn er von Tomans spricht, und nicht die deutlich weniger wertvollen Silber-Tomans, die ebenfalls im Umlauf waren. Von dieser unausgesprochenen Festlegung geht auch Ferdausi aus. Als er jedoch nach sechzehn Jahren sein Werk, zweihunderttausend Verse, vollendet hat, erhält er nur Silber-Tomans. Ferdausi ist enttäuscht und verbittert, er verschenkt das Geld und geht:

Seinen Wanderstab ergriff er
Jetzo und verließ die Hauptstadt;
Vor dem Tor hat er den Staub
Abgefegt von seinen Schuhen.

2
„Hätt er menschlich ordinär
Nicht gehalten, was versprochen,
Hätt er nur sein Wort gebrochen,
Zürnen wollt ich nimmermehr.

Aber unverzeihlich ist,
Daß er mich getäuscht so schnöde
Durch den Doppelsinn der Rede
Und des Schweigens größre List.

[...]

Wie die Sonn' am Himmelsbogen,
Feuerblicks sah er mich an,
Er, der Wahrheit stolzer Mann –
Und er hat mich doch belogen."[35]

Was Heine hier seinen Dichter „Doppelsinn der Rede" und „des Schweigens größre List" nennen läßt, bezieht sich auf den Vertragspunkt, der sprachlich nicht nachweisbar ist. Der Schah hatte nicht *de facto* sein *Wort* gebrochen, weil der Vertragspunkt nicht in Worten ausgesprochen war, aber er hat trotzdem gegen den Inhalt der Vereinbarung gehandelt. Diese Täuschung empfindet Ferdausi kränkender als einen nachweisbaren Wortbruch. Der verherrlichte Schah hat ihm nicht nur den erwarteten Lohn nicht gegeben, er, „der Wahrheit stolzer Mann", hat auch die in ihn gesetzten Erwartungen nicht erfüllt und Machtmißbrauch betrieben. Denn wenn das *Gemeinte* nicht ausdrücklich *gesagt* wird, liegt die Vertragserfüllung im Ermessen des Mächtigeren, und der Geschädigte kann sich kaum jemals wehren. (Einen seltsamen Triumph gönnt Heine seinem Ferdausi: Bevor die Reichtümer, die der reuige Schah dem Dichter nachschickt, diesen erreichen, stirbt Ferdausi.)

Bedeutungsverschiebungen, nicht als Willkürakt einzelner, sondern als historisches Phänomen, können unterschiedlich brisant sein. Der Inhalt einzelner Worte kann sich erweitern, verengen, verschärfen oder in anderer Weise ändern. Das Wort *gemein* hatte früher nur die Bedeutung von *allgemein*,

35) Aus den Historien des Gedichtbandes Romanzero: *Der Dichter Firdust*, Heine (o. J.): 40.

weit *verbreitet*. Noch bis 1918 war *Gemeiner* die gebräuchliche Bezeichnung für den untersten Dienstgrad in der militärischen Hierarchie. Botanische und zoologische Bezeichnungen wie *Gemeine Kiefer* oder *Gemeiner Regenwurm* muten Nicht-Fachleuten etwas seltsam an, denn unter *Gemeinheit* verstehen wir heute Niederträchtigkeit. In der Zeit des Barock bedeutete das Wort *eitel vergänglich*, während der heutige Inhalt mit *vergänglich* nur mehr äußerst entfernt verwandt ist. Unter Umständen können Deutungsmöglichkeiten durch den Verlauf der Geschichte so drastisch an Gewicht gewinnen oder verlieren, daß ein Dichter seinen Text ändert. In der ersten Fassung von Schillers Ode *An die Freude*, veröffentlicht 1786, lautet die Anfangsstrophe:

> Freude, schöner Götterfunken,
> Tochter aus Elysium,
> Wir betreten feuertrunken,
> Himmlische, dein Heiligtum.
> Deine Zauber binden wieder,
> Was der Mode Schwert geteilt;
> Bettler werden Fürstenbrüder,
> Wo dein sanfter Flügel weilt.[36]

In den letzten zwölf Versen (insgesamt sind es einhundertacht) heißt es unter anderem: „Rettung von Tyrannenketten", „Gnade auf dem Hochgericht" sowie „Allen Sündern soll vergeben / Und die Hölle nicht mehr sein". Das waren Formulierungen, die sowohl theologisch wie auch politisch eine extreme Herausforderung darstellten. In der Version, die Schiller 1803 in seinem zweiten Gedichtband drucken ließ, fehlt der ursprüngliche Schluß. Und die euphorisch-utopische Vorstellung „Bettler werden Fürstenbrüder" war nach den blutigen Ereignissen der Französischen Revolution für Schiller

---

36) Schiller 1943: 169f. (Rechtschreibung der gängigen modernen Fassung angepaßt.)

nicht mehr in dieser Form aussprechbar. Er änderte die Zeile zu „Alle Menschen werden Brüder".[37] Was damit gemeint ist, ist klar: die Vision, daß alle Menschen zu einem freundlichen, geschwisterlichen Miteinander finden mögen. Ähnlich wie die Vision der ursprünglichen Zeile. War aber das Bild der Bettler, die Fürstenbrüder werden, politisch zu brisant, so ist die Vision, alle Menschen werden Brüder, biologisch unmöglich.

Wenn eine heutige Zeitungsüberschrift verkündet: „Reform plant Halbierung der Berufssoldaten", wird niemand annehmen, daß die Tötung dieser Soldaten gemeint sei. Gemeint ist lediglich die Halbierung der Anzahl der Berufssoldaten. Die Formulierung ist ein Beispiel für extremes Nicht-Miterleben von Wort-Inhalten. Es ist ein gewaltiger Unterschied, ob man einen Menschen halbiert oder eine Zahl. Und es ist ein gewaltiger Unterschied, ob man den Menschen ihr Geschlecht beläßt, oder verlangt, sie sollen irgendwie davon absehen, daß sie eines haben. Ferdausi, der persische Dichter, hat sich bloß auf eine nicht ausgesprochene Annahme bezüglich seiner Bezahlung verlassen. Wenn mir egal ist, unter welches Geschlecht ich eingeordnet werde, verlasse ich mich selbst; verlasse ich mich als urteilsfähige Instanz.

Zwei Argumente werden gerne zur Verteidigung der Formulierung – mit dem Anspruch, sie sei richtig – angeführt. Erstens, Schiller habe aus historisch gewachsenen Gewohnheiten mit *Menschen* nur die Männer *gemeint*. Das ist sehr wahrscheinlich. Die erste Vertonung, 1786 von J. Ch. Müller, ist der „gerechten und vollkommenen Loge zu den drei Flammen in Görlitz"[38] gewidmet, also einem Männerbund. Außerdem heißen die Zeilen 13 bis 16:

37) Schiller 1983: 185.
38) Goedeke 1893: 175.

Wem der große Wurf gelungen,
Eines Freundes Freund zu sein;
Wer ein holdes Weib errungen,
Mische seinen Jubel ein!

Diese Anrede ist ausschließlich an Männer gerichtet. Die Tatsache, daß Schiller den inkriminierten Satz im Einklang mit dem Zeit(un)geist formuliert hat, kann aber die Fehlerhaftigkeit der Formulierung nicht aufheben. Auch das Weltbild eines Ptolemäus ist heute als fehlerhaft bekannt und überholt. Zweitens wird gern ins Treffen geführt, die Formulierung müsse metaphorisch verstanden werden; es handle sich also um eine regelgemäße Bedeutungsübertragung. Eine solche wäre gegeben in: Alle Menschen werden Geschwister. Daraus ergibt sich im Idealfall – und von dem geht die metaphorische Anrede Bruder und Schwester in religiösen Gemeinschaften, Bünden oder besonderen Freundschaften aus – selbstlose gegenseitige Unterstützung, Freude aneinander und besonderes Wohlwollen füreinander. Die Menschen sollen also so miteinander verfahren, als wären sie körperlich verwandt. In der Formulierung „Alle Menschen werden Brüder" muß ich aber von der Körperlichkeit, die doch dem Vergleich zugrundeliegt, absehen. Von Voraussetzungen, die ich sprachlich-erlebnismäßig ignorieren muß, fordere ich die erlebnismäßig-tatsächlichen Ergebnisse. Ich bringe die Henne um, aber Eier soll sie legen. Die Metapher ist von ihren Voraussetzungen gelöst: Sie vergleicht körperlich Bedingtes, aber Körperlichkeit darf keine Rolle spielen. So wird sie inhaltsleer.
Was wäre dem Erleben abverlangt, wenn man Alle-Menschen-werden-Brüder mit Inhalt füllt? Wenn ich Frau bin, muß ich das Heiligtum der Freude verlassen, muß aus dem *wir* und *alle* aussteigen, gehöre aber dann auch nicht zu den Menschen, muß aber doch mit „Alle Menschen" mit, kann aber kein Bruder werden, ohne meine Körperlichkeit zu verleug-

nen, was ist aber dann ein Bruder ...? Wenn ich Mann bin, muß ich rückwirkend allen Frauen die Teilnahme verweigern, allen Müttern, Schwestern, Töchtern; was mache ich dann mit dem unstimmigen *alle*? Um das zu retten, muß ich von der Geschlechtlichkeit absehen; so oder so gibt es also dann im Heiligtum der Freude keine Liebe heterosexueller Begegnungen; will ich das? Aber ich will doch ins Heiligtum der Freude ...

Solche Gedankengänge sind in den *Gedankenbildern* des Malers M. C. Escher abgebildet: Das Ganze macht einen realistischen Eindruck; einzelne Stufen führen korrekt zur jeweils nächsten weiter, durch subtiles Drehen der Perspektive gelangt man aber nur dorthin, wo man ohnehin schon war, und das Ganze stellt sich als in der Wirklichkeit unmöglich heraus. Das erlebende Durchdenken dieser Unstimmigkeiten ergibt eine Double-bind-Spannung: Sprache müßte doch einen Inhalt haben; aber jede angepeilte Variante enthält Unvereinbarkeiten, kann also der gesuchte Inhalt nicht sein.
Das Communicare, das Gemeinsame-Sache-Machen, hat hier mit der Sprache nichts zu tun. Der Konsens entsteht außersprachlich. Das inhaltlich Gesagte zählt nicht, erweckt aber den Eindruck, daß etwas gemeint sei, das zählt. Der Schaden, der dabei entsteht, ist unermeßlich. Hier wird eine Haltung verlangt, die das an den Tatsachen Meßbare nicht an den Tatsachen mißt. Nicht ich, das lesende oder hörende Subjekt, kann beurteilen, was richtig ist, ob ein Einklang zwischen Sprache und Tatsachen besteht; ich gebe meine Urteilsfähigkeit an eine nicht sichtbare, nicht genannte Autorität ab, die nach Belieben meine Körperlichkeit als Argument benützen, oder mich meiner Körperlichkeit entheben kann. Die Rezeptionshaltung verschiebt sich dadurch bedenklich in Richtung Hörigkeit. Wenn ich die biologische Zuordnung –

und die daraus resultierende gesellschaftliche[39] – ob ich Mann oder Frau bin, geistig verwische, entsteht eine Atmosphäre, in der vieles verwischt werden kann. Eine akzeptierte Entmündigung macht jede weitere leichter möglich. Ob etwas schwarz oder weiß ist, macht keinen triftigen Unterschied mehr, wenn sogar männlich und weiblich ununterscheidbar zu sein hat. In den Versen 65ff. heißt es:

Groll und Rache sei vergessen,
Unserm Todfeind sei verziehn,
Keine Träne soll ihn pressen,
Keine Reue nage ihn.

CHOR
Unser Schuldbuch sei vernichtet!
Ausgesöhnt die ganze Welt!

Diese sperrigen, und für uns heute etwas absonderlich klingenden Formulierungen enthalten eine eindeutige, enthusiastische Forderung nach Versöhnung mit allen. Dem folgt in den Versen 76 und 78 die Forderung: „gält es Gut und Blut:" „Untergang der Lügenbrut!" Diese Zeilen, zusammengesehen, enthalten eine ähnlich große Unstimmigkeit wie „Alle Menschen werden Brüder". Indem ich sie akzeptiere, schaffe ich Raum für eine Instanz, die bestimmt, wer zu „Ausgesöhnt die ganze Welt" gehört, und wer zu „Untergang der Lügenbrut". Der gleiche Nenner, auf den sich diese Forderungen bringen lassen, ist in dem Gesagten nicht enthalten. Es muß eine Stimmigkeit geben, in der die Alltagserfahrung, Logik oder ein Sich-Selbst-Erleben keine Beweiskraft haben und keinen Platz. Nicht, weil Utopien grundsätzlich keinen Platz

39) In ihrer aufschlußreichen Analyse *Für eine Ethnologie der Geschlechter. Begriffstheoretische Überlegungen zu Sprachverhalten in der deutschsprachigen Ethnologie* unterscheidet Dorothea Langer zwischen „biologischer Geschlechtszugehörigkeit" und „Sozialem Geschlecht". Langer 1989: 57ff.

haben. Aber Utopien, die in einem Raum angesiedelt sind, in dem die Menschen davon absehen müssen, daß sie ein je festgelegtes Geschlecht haben, und daß man nicht gleichzeitig einer Lügenbrut Untergang und die ganze Welt ausgesöhnt wünschen kann, solche Utopien müssen folgenlos bleiben, denn sie sind von vornherein nicht geerdet.

Die Zustände der Welt werden überwiegend in der Form ihres sprachlichen Abbildes ins Bewußtsein gebracht. Nur in der sprachlichen Abbildung können sie probe-verändert werden. Wenn diese sprachliche Abbildung gravierende Täuschungen und Mängel enthält, dann behandelt das Bewußtsein ein Phantom. Ein Phantom wird diskutiert, an einem Phantom werden Veränderungen für notwendig erklärt und Veränderungen angestrebt. Das beschäftigt zwar das Sehnsuchtspotential der Menschen, alles an investierter Zeit, Kreativität und Energie bleibt aber unbelohnt: Die erhofften Veränderungen im Leben und Erleben der einzelnen bleiben aus. Sie müssen ausbleiben, denn für Leben und Erleben war schon in der Utopie kein Platz. Bei einer gleichzeitigen Aussöhnungs- und Racheforderung kann keine konkrete Wirklichkeit gemeint sein. Ein Mensch, der spürt, was er tut, kann nicht gleichzeitig umarmen und töten wollen. Damit sprachlich gefaßte Beschlüsse wesentliche Auswirkungen haben können, muß die Sprache verbindlich und verbunden sein. Verbindlich im Sinne klarer, dauerhafter Bedeutung für die damit beschäftigten Personen; verbunden im Sinne einer vom Wort gemeinten, einklagbaren Wirklichkeit. Welche Haltungen oder Zustände sind es, die dem Bewußtsein Stimmigkeit vorspiegeln trotz eines Widerspruchs auf Leben und Tod? In den inneren Räumen, in denen Wahrnehmung organisiert wird, muß es Verfahren geben, die es ermöglichen, davon abzusehen, was man tatsächlich erleben kann. Offensichtlich gibt es einen Weg, Sprache von ihren Voraussetzungen im Erleben getrennt zu benützen. Nicht die Worte erhalten unsere Zustimmung, obwohl es so aussieht. Es laufen andere Prozesse unbemerkt ab, die unsere Zustimmung hervorrufen. Mit der Ode *An die Freude* wird kein physischer Zwang ausgeübt, es entsteht kein konkretes Unrecht gegenüber einzelnen oder mehreren Personen. Ihre Annahme über nun fast zwei Jahrhunderte hindurch weist jedoch auf eine weit verbreitete Geisteshaltung hin, die es möglich macht, von fundamentalen Tatsachen zu reden, ohne diesen Tatsachen im Tun zu entsprechen. Das Alle-Menschen-werden-Brüder hat durch den Schlußchor in Beethovens Neunter Symphonie einen extrem hohen Bekanntheitsgrad und Prestigewert erreicht. Eine moderne Musikgruppe hat Beethovens Chor aufgegriffen und ist damit auf Spitzenplätze der Hitparaden gekommen; Johannes Mario Simmel nimmt die Zeile als Titel für einen Roman.

Das Problem ist eindeutig allgemeiner als gegenüber einer Ode. Auch im beginnenden Dritten Reich waren viele Menschen fähig, Glücksverheißung und Kriegsvorbereitung als nicht widersprüchlich anzusehen. Analoges passiert zum Schaden von Mensch und Umwelt tagtäglich. Für sich genommen ist die Ode *An die Freude* ein literarisches Phänomen, das man unter Umständen mitsamt seinen Fehlern ignorieren könnte. Die Wahrnehmungsstrukturen aber, die sie nachweisbar macht, sind in ihren Auswirkungen zu schwerwiegend, um sie zu ignorieren. Immer wieder werden Menschen, deren Sehnsuchtspotential angesprochen wird, in Katastrophen geführt. Die Terror-Regime von Hitler und Stalin sind zwei großräumige Beispiele. Selbst sensible und auf anderen Gebieten kluge Menschen haben das Verwirrspiel mitbetrieben und in dunkelster politischer Nacht verkündet, die Sonne scheine.[40] Unmenschliche Tatsachen wurden und

40) Stellvertretend für viele seien hier die in M. Sperbers *Essay zur täglichen Weltgeschichte* genannten Fälle Sartre (Sperber 1981: 282), Brecht (ebda) und Ernst Fischer (717) genannt.

werden in Worten zu Freundlichkeit umgemünzt. Sprache kann Zukünftiges durchaus stellvertretend abbilden. Wir können von einem Kind reden, das erst geboren werden wird; wir können davon reden, daß ein Kind erwachsen werden wird; oder daß ein Haus existieren wird, das erst geplant und gebaut wird. Der Zusammenhang zwischen Gesagtem und Gemeintem läßt sich da meist verbindlich transportieren. Wo liegen die Unterschiede zwischen einer Sprache, die von einem Haus redet, das dann wirklich gebaut wird, und einer Sprache, die von Glück redet, und im Namen dieses zukünftigen Glücks werden dann Menschen niedergeknüppelt oder wird die Umwelt vergiftet? Was ist passiert, wenn Schwarz für Weiß genommen wird? Läßt sich der fehlerhafte Gebrauch diagnostizieren, *bevor* ein Unglück passiert?

Einen exemplarischen Anschauungsunterricht, wie Gesagtes oder Gemeintes beliebig austauschbar werden, gibt Shakespeares Stück *Der Widerspenstigen Zähmung*. Katharina, die Hauptperson, macht einen drastischen Wandel durch. Zu Stückbeginn ist sie vital und phantasievoll, am Stückende ängstlich und hörig: Sie ist ein Wesen, dem das eigene Erleben nicht mehr Maßstab ist. Was ihre Sinne und ihre Erfahrung sagen, ist nicht mehr Grundlage für ihre antwortenden Reaktionen. Auch offensichtliche Tatsachen zählen für sie nicht mehr.

Die Haupthandlung wird in Gang gesetzt, durchbrochen und umspielt von der Tatsache, daß mehrere Freier um die schöne, fügsame Bianca werben. Ihr Vater jedoch hat beschlossen, Bianca nicht zu verheiraten, bevor nicht die ältere Schwester, Katharina, einen Mann hat. Katharina ist temperamentvoll, ungehorsam und unbeliebt. Als der Vater Biancas Freiern anbietet, um Katharina zu freien, reagieren Gremio und Hortensio mit derbem Hohn und kränkendem Spott.

GREMIO Befreit mich von *dem* Frein, sie ist zu rauh.

Da, nehmt, Hortensio! Braucht ihr was von Frau? –
KATHARINA Ich bitt Euch, Vater, ist's Eu'r Wille so,
   Mich auszuhökern allen diesen Kunden?
HORTENSIO Kunden, mein Kind? dich sucht als Kundschaft
   keiner, Du mußt erst neue, sanftre Form verkünden.[41]

Der Vater reagiert nicht darauf, daß man seine Tochter belei-
digt; Katharina umso heftiger:

Ei, laßt Euch drum nicht graue Haare wachsen:
Ihr seid noch meilenweit von ihrem Herzen:
Und hättet Ihr's, gewiß, sie sorgte schon,
Den Schopf Euch mit dreibein'gem Stuhl zu bürsten,
und schminkt' Euch das Gesicht wie den Hanswürsten.[42]

Auf die derbe Schmähung hat sie derb geantwortet. Hortensio und Gremio registrieren nur Katharinas Teil:

HORTENSIO Vor solchen Teufeln, lieber Gott, bewahr uns.
GREMIO Mich auch, du lieber Gott.[43]

Der abseits stehende Diener Tranio, dessen Herr Lucentio
auch in Bianca verliebt ist, verurteilt weder Gremio noch Hortensio, noch den Vater, sondern ebenfalls Katharina: „Die
Dirn' ist toll, wo nicht, gewaltig nasweis."[44]
Für die ihr angetanen Demütigungen rächt sich Katharina an
der jüngeren Schwester, quält und schlägt sie, bis der Vater
dazwischenkommt. „Drache" und „böse Teufelslarve"[45]
nennt er seine ältere Tochter.
Die Freier Biancas haben einstweilen Katharinas Ruf weiter-
verbreitet. Dem eben in Padua angekommenen Petruchio
wird sie als „unerträglich bös und wild, / Zänkisch und trotzig

41) Shakespeare 1984: 15 (Im weiteren sind Zitate aus *Der Widerspenstigen
   Zähmung* mit WZ und der Seitenanzahl aus dieser Reclam-Ausgabe angegeben.)
42) WZ: 15.
43) WZ: 16.
44) Ebda.
45) WZ: 31.

über alles Maß"[46] beschrieben, „Berühmt in Padua als die schlimmste Zunge"[47], „ein trotzig, störrisch Ding"[48]. Petruchio, der auf der Suche nach einer reichen Frau ist, beschließt, Katharina zu freien. Sein Freund Hortensio warnt ihn, aber da sie ihm ein „Mädchen, reich genug, mein Weib zu werden"[49] ist, läßt er sich nicht mehr zurückhalten.

> PETRUCHIO Sei sie so häßlich als Florentius' Schätzchen,
> Alt wie Sybille, zänkisch und erbost
> Wie Sokrates' Xanthippe, ja noch schlimmer,
> Ich kehre mich nicht dran, und nichts bekehrt
> Zu anderer Meinung mich, und tobt sie gleich
> Dem Adriat'schen Meer, vom Sturm gepeitscht:
> Ich kam zur reichen Heirat her nach Padua,
> Wenn reich, kam ich zum Glück hierher nach Padua.[50]

Und der Diener Grumio sekundiert:

> GRUMIO Nun seht, lieber Herr, er sagt's Euch wenigstens klar heraus, wie er denkt, Ei, gebt ihm nur Gold genug, und verheiratet ihn mit einer Marionette oder einem Haubenblock oder einer alten Schachtel, die keinen Zahn mehr im Munde hat, hätte sie auch soviel Krankheiten als zweiundfünzig Pferde; nichts bringt ihm Angst, wenn's ihm nur Geld bringt.[51]

In entsprechend derber Art wirbt Petruchio um Katharina. Ihre Ablehnung wird von ihm und vom Vater übergangen, die Hochzeit wird für den kommenden Sonntag festgesetzt. Was hiemit begonnen hat und Zähmung genannt wird, ist eine Folge von Erniedrigungen und Verletzungen für Katharina. Zur Hochzeit kommt Petruchio beinahe zu spät und in schäbigen Kleidern. In der Kirche benimmt er sich so widerlich, daß Gremio bekennt: „Ich lief aus Scham hinaus, als ich dies sah".[52]

46) WZ: 31.
47) WZ: 24.
48) WZ: 27.
49) WZ: 23.
50) Ebda.
51) WZ: 24.

Durch die Verheiratung ist Katharina Petruchio endgültig ausgeliefert. Sie darf nicht an ihrer Hochzeitstafel teilnehmen, sondern muß mit ihm sogleich fort. In der Abgeschiedenheit seines Landgutes wird sie psychisch und physisch gefoltert. Sie bekommt nichts zu essen, darf nicht schlafen; was sie sagt, gilt nicht. Petruchio „zankt, flucht und schilt"[53], der Diener Grumio sekundiert. Und was immer Katharina von Petruchio zu erdulden hat, er tut obendrein noch so, als wäre er nur um ihr Wohl besorgt.

> KATHARINA Ich sterb aus Hunger, bin von Wachen schwindelnd,
> Durch Fluchen wach, durch Zanken satt gemacht;
> Und was mich mehr noch kränkt als alles dies,
> Er tut es unterm Schein der zartsten Liebe,
> Als könnt's nicht fehlen, wenn ich schliefe, äße,
> Würd ich gefährlich krank und stürbe gleich.[54]

Hortensio kommt zu Besuch. Und obwohl er das, was er sieht, zuerst nicht billigt – „Pfui doch, Petruchio, pfui! du bist zu tadeln"[55] – schließt er sich den Manövern gegen Katharina sehr bald mit hämischem Vergnügen an. Der Auftritt von Schneider und Putzhändler, die für Katharina bestellte Ware bringen, bietet Petruchio Gelegenheit zu neuen Mißhandlungen. Mit Hortensio als Zuschauer und Gehilfen. Wie soll sich jemand Recht verschaffen, der doppelt nicht gehört wird? Was Katharina sagt, wird ignoriert oder völlig verdreht.

Als sie sich empört, weil ihre Meinung übergangen wird, quittiert Petruchio das als erfreuliche Zustimmung zu seinen verrückten Urteilen: „Du hast ganz recht, […] Ich hab dich lieb drum".[56] Schließlich behauptet er um zwei Uhr Mittag, es sei sieben Uhr früh, tadelt ihren Widerspruchsgeist, als sie das

52) WZ: 51.
53) WZ: 59.
54) WZ: 64.
55) WZ: 65.
56) WZ: 66.

nicht hinnehmen will, und beschließt, mit ihr zu ihrem Vater zu reisen. Was hier, aneinandergereiht erzählt, erstaunlich schwer erträglich klingt, wird im Stückverlauf einem Gelächter preisgegeben, das durch die Nebenhandlung mit ihren Verkleidungsszenen, mit den Eifersüchteleien der rivalisierenden Freier Biancas sowie mit immer verrückter werdenden Plänen, wie Biancas Vater zu überlisten sei, erzeugt wird. Kaum etwas in dem kunterbunten Drumherum läuft noch ohne Verstellung ab; das meiste lädt zum Unernst ein. Der verliebte Lucentio läßt seinen Diener als Lucentio auftreten, um selbst als Lateinlehrer für Bianca seine Liebesbotschaften leise den lauteren Lateinvokabeln nachschicken zu können. Hortensio, verkleidet als Musiklehrer, versteckt sein Werben in der Notenskala. Er macht sich aber empört davon, weil Bianca den Lateinlehrer verliebt anschaut. So wird in verschiedenste Richtungen gefoppt und getäuscht. Dadurch wirkt das Verwirrspiel gegen Katharina, formal gesehen, nur wie eines unter vielen. Was mit ihr als Mensch passiert, ist aber etwas grundsätzlich anderes. Die Freier Gremio und Hortensio, der verliebte Lucentio und Bianca selbst agieren in den von der Gesellschaft und vom Vater gesteckten Grenzen als autonom Handelnde. Hortensio ist zwar folgenreich getäuscht worden, Baptista, der Vater der beiden jungen Damen, wird hintergangen und Vincentio, dem Vater Lucentios, wird übel mitgespielt, alle drei jedoch können auf die vorgetäuschten oder echten Tatsachen nach ihren je eigenen Wahrnehmungen und Entschlüssen reagieren. Im schlimmsten Fall werden sie in ihren Rechten verletzt, nie in ihrer persönlichen Integrität. Katharinas Integrität dagegen wird brutal verletzt und letztendlich zerstört. Ihr wird die Basis für autonomes Handeln entzogen. Und das zum Teil vor den Augen einer Umwelt, die sich schnellstens mit dem Folterer solidarisch erklärt und ihn bewundert. Katharina kann sich auf keine Tatsachen berufen, weil ihr Wort bestenfalls als beliebig auswertbares akustisches Material genommen wird. Es ist sinn- und zwecklos für sie, sich an den Tatsachen auch nur zu orientieren, da die Tatsachen umgedeutet werden, wenn Petruchio es will. Auf dem Weg zu ihrem Vater sagt Petruchio am hellichten Tag:

> PETRUCHIO […] Wie hell und freundlich scheint der Mond! –
> KATHARINA Der Mond? die Sonne! Jetzt scheint ja nicht der Mond! –
> PETRUCHIO Ich sag, es ist der Mond, der scheint so hell.
> KATHARINA Ich weiß gewiß, die Sonne scheint so hell.[57]

Ihre Gewißheit nützt ihr nicht.

> PETRUCHIO Bei meiner Mutter Sohn, und das bin ich,
> Mond soll's sein, oder Stern, oder was ich will,
> Eh' ich zu deinem Vater weiterreise.
> Geht nur und holt die Pferde wieder her.
> stets Widerspruch! und nichts als Widerspruch![58]

Er darf den offensichtlichen Wahrheiten widersprechen; sie ihm nicht. Und Hortensio ist längst zum Mittäter geworden. Statt Katharina zu helfen, fordert er sie zum sinnlosen Gehorsam auf. Was er als Begründung für die Sinnhaftigkeit seines Ratschlages hinstellt, ist die Ursache des Dilemmas: willkürliche, unsinnige Machtausübung. Hortensio: „Gebt ihm doch recht, sonst kommt Ihr nicht vom Fleck."[59]
Und Katharina gibt auf.

> KATHARINA Nein, bitt Euch, kommt, da wir so weit gelangt;
> Sei's Mond und Sonn' und was dir nur gefällt,
> Und wenn du willst, magst du's ein Nachtlicht nennen;
> Ich schwör, es soll für mich dasselbe sein.
> PETRUCHIO Ich sag, es ist der Mond.
> KATHARINA Natürlich ist's der Mond.[60]

---

57) WZ: 73.
58) Ebda.
59) Ebda.

In ihrem Abweichen von ihrer eigenen Überzeugung liegt aber erst recht die Möglichkeit, sie zu demütigen:

> PETRUCHIO Ei wie du lügst! 's ist ja die liebe Sonne! –
> KATHARINA Ja, lieber Gott! es ist die liebe Sonne! –
>   Doch nicht die Sonne, wenn du's anders willst:
>   Der Mond auch wechselt, wie es dir gelüstet,
>   Und wie du's nennen willst, das ist es auch,
>   Und soll's gewiß für Katharinen sein.
> HORTENSIO Glück auf, Petruchio, denn der Sieg ist dein.[61]

Hortensio versteht, daß da ein Kampf abläuft, keine Zähmung, und redet vom Sieg. „Und wie du's nennen willst, das ist es auch": In dieser Haltung eines gebrochenen Geistes würde Katharina auch die Forderung „Untergang der Lügenbrut" und „Ausgesöhnt die ganze Welt" gleichzeitig hinnehmen.

Es folgt aber sofort eine noch härtere Probe für Katharina. Bis hierher hat die Mißachtung ihr selbst und den Tatsachen gegolten. Jetzt muß sie durch die befohlene Mißachtung der Tatsachen einen anderen Menschen lächerlich machen. Vincentio, der alte Vater Lucentios, stößt auf seinem Weg nach Padua zu der Gruppe der Reisenden. Petruchio begrüßt ihn, als wäre er ein junges Mädchen, und befiehlt Katharina: „Käthchen, umarm sie ihrer Schönheit wegen."[62] Katharina, die sich auf dem Landgut sogar für den Diener eingesetzt hat, zu dem Petruchio ungerecht grob war, tut mit.

> KATHARINA Aufblühnde Schöne! frische Mädchenknospe,
>   Wohin des Weges? Wo ist deine Heimat? –
>   Glücksel'ge Eltern von so schönem Kind!
>   Glücksel'ger noch der Mann, dem günst'ge Sterne
>   Zur holden Ehgenossin dich bestimmten![63]

---

60) Ebda.
61) Ebda.
62) WZ: 74.
63) Ebda.

Und wieder erntet sie Hohn. Wie bei Mond/Sonne ist die Korrektur, was die Sache betrifft, gerechtfertigt. Aber um Sachlichkeit geht es nicht in diesem perfiden System, sondern um Erniedrigung:

> PETRUCHIO Was! Käthchen! Ei, ich hoff, du bist nicht toll?
> Das ist ein Mann, alt, runzlig, welk und grau,
> und nicht ein Mädchen, wie du doch behauptest.
> KATHARINA Verzeiht den Wahn der Augen, alter Vater;
> Die Sonne traf mir blendend das Gesicht,
> Und was ich sah, erschien mir jung und grün.
> Nun merk ich erst, ihr seid ein würd'ger Greis,
> Verzeiht, bitt ich, dies törichte Verkennen.[64]

Katharina hat aufgegeben. Was ihre Sinne ihr sagen, zählt nicht mehr für sie. Den Tadel, daß sie das töricht Angeordnete ausgeführt hat, nimmt sie widerspruchslos auf sich. Die Dressur hat ihr beigebracht: Ihre einzige, vage Chance, dorthin zu kommen, wo sie hin will, liegt im bedingungslosen Zustimmen, ungeachtet der Wirklichkeit. Auf sie kommt es nicht an. Es kommt auch nicht darauf an, was Petruchio sagt, es kommt nur darauf an, was er meint; und das kann sich sprunghaft ändern. Katharina ist nicht gezähmt – was immer das heißen könnte –, sie ist, als reagierendes Wesen, gar nicht mehr da. Sie ist Vollzugsorgan. Petruchio hat sie zu einer lebenden Trophäe gemacht. Eindrucksvoller als jedes Hirschgeweih an der Wand beweist sie seine Fähigkeit, zu töten. Und der größere Teil der Gesellschaft, auf der Bühne wie im Publikum, applaudiert ihm. Katharinas vitale, urwüchsige Art ist zerstört, Wortgefechte interessieren sie nicht mehr. Worum sollte sie auch kämpfen, wenn sie sich abverlangen muß, hinzunehmen, daß sich Inhalte zu Worten beliebig ändern?
Beim Bankett zum Abschluß des Stückes gibt es drei Paare: Frisch und geheim getraut sind Bianca und Lucentio, Horten-

---

64) Ebda.

sio hat sich eine Witwe genommen, deren Ruf dem von Katharina ähnelt, und Petruchio und Katharina. Zu einer spitzen Bemerkung der Witwe fragt Katharina: „Sagt, wie meint Ihr das?" Trotz erklärender, schlagfertiger Rede und Gegenrede der anderen, ordnet Katharina dem Gesagten keinen Inhalt zu. Sie wiederholt die Worte und fragt: „Ich bitt Euch, sagt mir, was Ihr damit meintet?" Die Witwe erklärt ihr die Beleidigung nun deutlicher. Worauf Katharina nur zu erwidern weiß: „So war's gemein gemeint". Als ihr das aufreizend bestätigt wird, zieht sie sich zurück: „Ich wär gemein, gäb ich noch acht auf Euch." Nicht einmal Petruchios anfeuerndes „Drauf los, Käthchen!" weckt ihre frühere Geistes- und Erfindungskraft. Ihre Person ist geschändet, ihre Vitalität ist beschädigt. War sie zu Anfang bei Beleidigungen herzhaft wütend und abwehrbereit, so resigniert sie jetzt. Nicht aus weiser Abgeklärtheit, sondern weil nur noch Petruchio zählt. Er könnte ja bestimmen, die Beleidigung sei ein Lob gewesen, für das sie sich zu bedanken habe. Als folgsamste Gattin gewinnt sie für Petruchio eine Wette und hält auf seinen Befehl eine sittsame, klischeehafte Rede.

Shakespeares Genie hat im Zeitraffer eine Erziehung zu Unmündigkeit und Un-Originalität präzise dargestellt: Abhängigkeit, Verachtung und Demütigungen; Folter bei natürlichen Rechten wie Essen und Schlaf; das alles angeblich zum Wohl der Gequälten; Lügen über die Wirklichkeit; Verächtlichmachen der richtigen Wahrnehmung und anderer eigenständiger Aktionen; kurz: all das, was bei Alice Miller als Mittel der Schwarzen Pädagogik geschildert wird.[65]

Das Stück ist reich an Vorwürfen gegen Katharina, die um ihr

---

65) Vgl. Miller 1980: 77, wo es unter anderem heißt: „Die Mittel der Unterdrückung des Lebendigen sind: Fallen stellen, Lügen, Listanwendung, Verschleierung, Manipulation, Ängstigung, Liebesentzug, Isolierung, Mißtrauen, Demütigung, Verachtung, Spott, Beschämung, Gewaltanwendung bis zur Folter."

Leben kämpft, und stumm an Vorwürfen gegen den Menschenschinder Petruchio. Niemand tritt ernsthaft für Katharina ein. Sicher, die Inszenierungen unterstellen im allgemeinen durch Munterkeit der Darstellerin der Katharina, daß diese sich nur zum Schein füge; daß sie innerlich und vielleicht unter vier Augen mit Petruchio ungebrochen sei wie früher. Selbst wenn es ihr möglich wäre, äußerlich ganz anders zu tun, als ihr innerlich zumute ist, wäre ein Zwang dazu bereits eine beträchtliche Vergewaltigung. Aber so eine Kombination ist gar nicht möglich. Wer ständig nach anderen als den eigenen, inneren Kriterien reagieren muß, der erlebt seine eigenen Kriterien nicht und hat sie dann auch bald nicht mehr. Katharina hat keine Zeit und keine übrige Kraft, innenherum die frühere zu sein. Meinungen, Bedürfnisse, Gefühle und Erfolge müssen sich in der Umwelt spiegeln können. Petruchio ist ein noch schlechterer Spiegel als der Kleistsche Erzähler für seinen jungen Freund. Da er außerdem die Möglichkeit zu einer viel umfassenderen Einflußnahme hat, sind die Auswirkungen verheerender. Katharina muß absehen davon, was ihre Sinne und ihre Gefühle melden, oder was sie bei Worten innerlich erlebt. Welt, Worte und Tatsachen dringen gar nicht zu ihr. Die Wege des Austausches sind okkupiert von Petruchio. Er bestimmt, was der Inhalt der Wirklichkeit, die auf Katharina zukommt, für sie zu sein hat: Sonne oder Mond, Abend oder Früh. Sie muß sittenwidrig den alten Mann umarmen, weil Petruchio das will und sagt, er sei ein junges Mädchen; und sie würde sich diesem Mann/Mädchen und allen Menschen sofort als Bruder antragen, wenn Petruchios Sinn danach stünde. Alle Widersprüche und die eigene Wahrnehmung werden übergangen: Katharinas Welt stimmt, wenn das Gehorchen stimmt. Dabei muß alles Reagieren vorläufig bleiben, beliebig. Verfügbar für Petruchio, der kommen kann, um es anders zu fordern. Wozu etwas als A erleben, wenn man riskiert, daß man es später als B hinnehmen muß, oder als C?

Nie kann etwas ad acta gelegt werden, es gibt für sie nichts Endgültiges. Worauf und wie soll man reagieren, wenn man nichts als gesicherte Tatsache nehmen kann? Nicht-Erleben wird zur einzig möglichen Begegnungsart mit Welt und Worten. Katharina kommt zu ihrer Haltung durch Schmerzen, Demütigungen und existenzielle Bedrohung. Was bewegt ein Theaterpublikum, diese demonstrierte Menschenverachtung hinzunehmen? Mit angeblichem Vergnügen und unter dem Etikett „Komödie"?

Wie kommt es dazu, daß *Der Widerspenstigen Zähmung* eines von Shakespeares „über Jahrhunderte populärsten Stükke"[66] geworden und geblieben ist? Wenn auch zu Shakespeares Zeiten unter comedy nicht dasselbe verstanden worden ist wie heute unter Komödie, so ist es trotzdem mehr als verblüffend, daß sich das Stück als Komödie auf den Spielplänen halten konnte und kann. Das Wahrnehmen dessen, was Katharina angetan wird, verweigern nicht nur die Figuren im Stück, sondern verweigert ein Großteil des Publikums. Selbst wenn einige ZuschauerInnen immer wieder mit Unbehagen aus dieser „Komödie" hinausgehen.

Zum einen ist es schwer, sich gegen eine jahrhundertealte Tradition, das Stück Komödie zu nennen und es als solche zu sehen, mit der eigenen Wahrnehmung durchzusetzen und die eigene Wahrnehmung rasch genug in Gegenworte zu fassen, um sich ausgrenzen zu können. Zum anderen sind schon die urteilenden und beschreibenden Bezeichnungen innerhalb des Stückes von den Tatsachen immer wieder völlig getrennt. Das beginnt mit der Genrebezeichnung, das setzt sich fort im Titel und im Stück und wird mit den letzten drei Sätzen – und die letzten Worte bleiben im allgemeinen am besten im Gedächtnis – bekräftigt.

66) WZ: 88.

PETRUCHIO Ich bin's, der heut mit Recht der Sieger heiße.
(Petruchio und Katharina ab.)
HORTENSIO Die Widerspenst'ge hast du gut gebändigt.
LUCENTIO Ein Wunder bleibt's, daß dies so glücklich endigt.[67]

Petruchio fühlt sich also „mit Recht" als Sieger. Welches Recht er da meint, bleibt dahingestellt, aber der Begriff und sein Inhaltsanspruch sind im Raum. Hortensio wiederholt die bekannten, irreführenden Bezeichnungen „Widerspenstige" und „gebändigt"; Lucentio redet im Schlußsatz von einem Wunder und von einem glücklichen Ende. Beide Bezeichnungen sind mit der Wirklichkeit dessen, was Katharina erdulden mußte, völlig unverbunden. Kein Jota von dem, was sich den Begriffen *Wunder* und *glücklich endigt* zuordnen läßt, ist auf ihre Situation anwendbar. Diese Worte unterstützen jedoch die Blindheit gegenüber dem tatsächlichen Geschehen, gegenüber den Taten wie Gehirnwäsche und Folter, die vor sich gegangen sind; so wie schon die Verwirrspiele der Nebenhandlungen eine Auseinandersetzung mit der (Bühnen-)Wirklichkeit innerhalb eines Theaterabends beinahe unmöglich machen.

Was ist aber mit den Menschen, die das Stück zur Aufführung bringen? Sie beschäftigen sich meist wochenlang damit und bieten es trotzdem als Komödie. Wissenschaftliche Kommentare und Lexikas sekundieren. Die dabei nachweisbaren Verzerrungen der (Bühnen-)Wirklichkeit, das, was den Schwarzen Löchern der Wahrnehmung zum Opfer fällt, und die projizierten Inhalte zeigen auffällige Gemeinsamkeiten. Das Erschreckende ist, wie oft dabei Gewalt verschleiert und als zärtliche Fürsorge, erzieherische Wohltat oder Liebe ausgegeben wird.

---

67) WZ: 86. Falls mit Rahmenhandlung gespielt wird, folgt ein kurzes Nachspiel. Der Kesselflicker Schlau hat von Petruchio gelernt, wie eine Frau zu behandeln sei.

Im *Schauspielführer* von Joseph Gregor folgt einer an sich sehr exakten Beschreibung des Stückinhaltes der Satz: „Petruchio und Katharina sind zum Erstaunen aller ein zärtliches Paar."[68] Nichts läßt darauf schließen. Falls in einer Aufführung die Darsteller der Hauptfiguren das Stückende unter Zurschaustellung zärtlicher Gesten über die Rampe bringen, können diese nur verlogen sein; oder – und diese Art des Täuschens ist nur durch den doppelten Wirklichkeitsboden eines Bühnengeschehens möglich – echt zärtlich miteinander verfahrende Personen betrügen den Stückinhalt um seine adäquate Umsetzung: Wo einer den anderen willkürlich herumkommandiert, hat das mit Zärtlichkeit nichts zu tun.

In der *Theatergeschichte Europas* schreibt Heinz Kindermann von einer „‚Gewaltdressur' des ungebärdigen Käthchens" und vom „noch viel drakonischere Ungebärdigkeit markierenden Petruchio".[69] Das Wort „Gewaltdressur" ist durch Anführungszeichen hervorgehoben; ein Verfahren, das außer beim Zitieren dann seine Berechtigung hat, wenn man sich konkret von einer bestimmten Verwendung oder von einer Bedeutung des Wortes distanziert. Es muß aber klar sein, von welchem Inhalt man sich distanziert, ob man nicht weiß, was der Inhalt sein könnte, oder welchen Inhalt man im Gegensatz zum üblichen Sprachgebrauch meint. Andernfalls ist es ein Willkürakt: Ich sage ein Wort, aber ich sage nicht, was ich damit meine. Wenn nämlich Dressur durch Gewalt gemeint ist, kommt die wohl nicht durch markierte Ungebärdigkeit zustande, sondern durch Gewalt. Drakon war ein Gesetzgeber im Griechenland der Antike, dessen Gesetze hart und grausam waren. Drakonisch heißt daher *sehr streng, hart*, und wird von Maßnahmen oder eben Gesetzen gesagt. *Drakonische Unge-*

---

68) Gregor 1955: 168.
69) Kindermann 1959: 73.

bärdigkeit läßt sich nicht vorstellen, es sei denn, man meint mit Ungebärdigkeit eine Tätigkeit, die gewaltsam gegen andere gerichtet ist, dann ist das aber ein fehlerhafter Gebrauch des Wortes. Jedenfalls simuliert Petruchio seine Gewalttaten nicht. Er tut nicht so als ob, er ist tatsächlich gewalttätig, und Katharina leidet.

Im *Schauspielführer* des Henschelverlages lesen wir, Petruchio „reizt die Aufgabe, das trotzige Mädchen zu einer guten Ehefrau zu erziehen";[70] und weiter unten: „Auf dem Weg nach Padua erreicht der Dressurakt seinen Höhepunkt."[71] Petruchio reizt die Aussicht, eine reiche Frau zu bekommen und ihr seinen Willen aufzuzwingen: soweit die Tatsachen aus dem Stück. Wenn aber schon von *erziehen* die Rede ist, wie kann man dieselben Taten später als *Dressurakt* bezeichnen? Ob Autor oder Autorin mit *erziehen* und *dressieren* wirklich dasselbe *meinen*, oder ob sie das *nur* gesagt haben, ist wieder eine Frage mit Double-bind-Spannung: Wenn ich mich mit jemandem unterhalte, für den *erziehen* inhaltlich dasselbe bedeutet wie *dressieren*, dann ist unsere sprachliche und weltanschauliche Ausgangsposition so unterschiedlich, daß wir uns erst über grundlegendere Dinge eine Verständnismöglichkeit schaffen müßten, bevor wir über ein Theaterstück reden können; wenn aber jemand für die Gewalttaten Petruchios das Wort *erziehen* verwendet, obwohl er/sie dressieren *meint*, dann fehlt die Basis für eine sinnvolle sprachliche Kommunikation. Im Anschluß an den letztzitierten Satz heißt es weiter: „Er zwingt Katharina, am lichten Tag zu erklären, der Mond scheine hell und freundlich. Der Widerspruchsgeist in ihr ist endgültig gebrochen." Katharina sagt gegen Petruchios Unsinn angesichts der Sonne: „Ich weiß gewiß, die

70) Hensel 1986: 1095.
71) Hensel 1986: 1096.

Sonne scheint so hell." Sie ist im Recht. Wer das Widerspruchsgeist nennt, teilt die Haltung des Gewalttäters. Das wirft auch ein erhellendes Licht auf den eingebürgerten, fehlerhaften Gebrauch des Wortes *widerspenstig*. Widerspenstig kann ich nur *gegen etwas* sein; um abschätzen zu können, ob das positiv oder negativ ist, muß klar sein, *wogegen* Widerstand geleistet wird. *Widerspenstigkeit* läßt sich daher nicht von vorneherein als austreibenswert ansehen, wie das der Stücktitel haben will. Wer das Wort *widerspenstig* als angebliche Eigenschaft einer Person ansieht, verurteilt das Handeln, ohne dessen Inhalt zu kennen. Der Eindruck einer gewissen Kleinheit und Niedlichkeit, der mit dem Wort verbunden ist, kommt dadurch zustande, daß ein Widerstand gemeint ist, der, egal ob ungerechtfertigt oder gerechtfertigt, von vornherein keine Aussicht auf Erfolg hat: der Widerstand von Abhängigen gegen Mächtigere; der Mächtigere hat zwar Arbeit, aber sein Sieg steht außer Diskussion. Leibeigenes Gesinde oder das Volk im absolutistisch regierten Staat wurde widerspenstig genannt, wenn es anderes wollte, als vorgeschrieben war. In der Bibel wird *widerspenstig* im eindeutigen Sinne von *unfolgsam* verwendet, was den Zusammenhang mit einem Machtgefüge erkennbar werden läßt. Die Rechtmäßigkeit steht für alle Beteiligten außer Frage, wenn der Geist Gottes dem Propheten Ezechiel eingibt: „[...] hör auf das, was ich dir sage, und sei nicht widerspenstig, wie das widerspenstige Haus [Israel] ist".[72] Das Machtgefälle tritt in diesen Zusammenhängen klar ins Bewußtsein. Widerspenstigkeit zwischen gleich Mächtigen ist ein Hund mit Pferdekopf, eine Sache, die es nicht gibt. Wer also von (Stück-)Anfang an mittut, Katharina widerspenstig zu nennen, steht auf der Seite der Mächtigeren, ohne nach dem Recht zu fragen.

72) Ezechiel 2,8 (in der Übersetzung von Joseph Franz von Allioli).

Wenn ich aber durch unexakten Sprachgebrauch schon auf der Seite Petruchios stehe, habe ich es schwer, Gewalttaten auch Gewalttaten zu nennen; ich bin geneigter, zu verschleiern und auf diesen Schleier dann zu projizieren.

Der *Große Schauspielführer* von Knaur behauptet, den „äußerlich rauhen Petruchio erfaßt eine echte Zuneigung", in seinem Landhaus unterwirft er Katharina „einer noch härteren Behandlung" als am Hochzeitstag, „bis sie sich ihm gefügig unterordnet." Damit will er sie angeblich „zu einer ebenbürtigen Partnerin erziehen."[73]

Für die Sicht, die in Gero von Wilperts *Lexikon der Weltliteratur* vertreten wird, hat sich Katharina „völlig und willig" unterworfen und „ist zur idealen Gattin geworden."[74] Es gibt aber, so erfahren wir, aus dem Jahre 1620 ein anderes Stück, „in dem Petruchio nach Caterinas Tod eine neue Ehe eingeht und nun seinerseits gedemütigt wird."[75] Der Autor meint wohl kaum, daß die ideale Gattin eine gedemütigte ist; vermutlich hat er zwischen der ersten und der zweiten Bewertung einen Perspektivesprung weg von der verbreiteten Fehleinschätzung und hin zu den Tatsachen gemacht. Nur zugunsten Petruchios. Die arme Caterina muß ihre Demütigungen auch hier wie ein Adelsprädikat tragen.

In einer Passage von Georg Hensels *Spielplan* ist das Gleichsetzen von Liebe und Gewalt besonders eklatant:

Das kratzbürstige und tyrannische Käthchen wird von Petruchio, der auf ihre groben Klötze grobe Keile setzt, gezähmt durch Heirat, Hunger, Schlafentzug, Verletzung der Eitelkeit und Vernichtung ihrer eigenen Meinung. Doch ist dies, richtig gespielt, mehr als ein Akt der Dressur: Petruchio ist ein Grobian nur aus pädagogischen Gründen, und Käthchen erliegt mehr seiner gelassenen Männlichkeit und seinem versteckten

73) Wurster 1985: 611.
74) Kleinstück 1980: 1237.
75) Ebda: „[...] um 1620 schrieb J. Fletcher ein Lustspiel über die Zähmung des Zähmers (*The Woman's Prize, or the Tamer Tamed*), [...]"

Herzen als seinen rauhen Methoden. Sie wird durch Liebe gezähmt, nicht durch Gewalt.[76]

Vier Unbekannte, *richtig gespielt, pädagogische Gründe, gelassene Männlichkeit* und *verstecktes Herz*, ermöglichen den Perspektivesprung: Gewalt sei nicht Gewalt, sondern Liebe. *Richtig gespielt* impliziert eine zusätzliche Instanz (zynisch ließe sich hinzufügen: vermutlich Petruchio), die außerhalb der Menschen, ihrer Sprache und der gezeigten Tatsache für die *Richtigkeit* zuständig ist; *pädagogische Gründe* erinnert an das *Erziehen*, das auch von anderen Autoren als Schleier über die Gewalttaten gehängt worden ist, um darauf Wohltaten zu projizieren; *gelassene Männlichkeit* (wenn irgendetwas Petruchio von den anderen unterscheidet, so ist es Menschenverachtung und Brutalität) und *verstecktes Herz* bringen je einen Inhalt zur Sprache und ins Argument, der ebenfalls keine Entsprechung in den Tatsachen findet.

Auch weniger wirkintensive Fehler und Ungenauigkeiten helfen mit, das Vorstellungsvermögen zu überfordern. Die Sprache ist in Form einer Argumentation gehalten: Das Schein-Ergebnis wird dann zur Kenntnis genommen mit dem vagen Eindruck, es handle sich um eine mit Argumenten belegte, erwiesene Tatsache. So muß die Frage offen bleiben, was denn mit *gezähmt durch Heirat* gemeint sein könnte, oder mit *Verletzung der Eitelkeit; Vernichtung ihrer eigenen Meinung* (kann *ihre* Meinung auch eine *nicht* eigene sein?) müßte heißen: *Vernichtung ihrer Eigenständigkeit* oder *Vernichtung ihrer Möglichkeiten zu einer eigenen Meinung*, denn *mehr als ein Akt der Dressur* bleibt allemal zuerst ein Akt der Dressur, der nicht Liebe sein kann; und so weiter. Ob der Inhalt des ganzen Gewalt oder Liebe ist, wird letztlich unabhängig von den Tatsachen durch Deklaration festgelegt.

76) Hensel 1986: Bd.1, 167f.

Zeigt der Stückinhalt, wie ein Wahrnehmen zustandekommt, dem Sonne oder Mond, Frau oder Mann nicht eindeutig zu sein braucht, so zeigt die Rezeption des Stücks, daß diese Art des Wahrnehmens weit verbreitet ist. Die weite Verbreitung ist für sich schon ein Grund, warum die Fehlerhaftigkeit nicht leicht auffällt. Vertrautem wird vertraut. Obwohl Bekanntheitsgrad nichts über Vertrauenswürdigkeit aussagt, profitieren Politiker ebenso von dieser Reaktion wie Autos oder Waschmittel, die intensiv beworben werden. Der Kleistsche Junge hat seinem väterlichen Freund vertraut, Ferdausi seinem Herrscher, und Katharina wohl mindestens am Anfang ihrem Vater. In jedem dieser Fälle wurde Macht zum Schaden der weniger Mächtigen willkürlich verwendet. In der Ode *An die Freude* setzt die Art der Sprachverwendung eine ungenannte Instanz voraus, der die Willkürmöglichkeit eingeräumt wird, zu bestimmen, wer zu Ausgesöhnt-die-ganze-Welt und wer zu Untergang-der-Lügenbrut gehört. Peachum versucht schon in vier kurzen Zeilen eine Machtposition gegenüber den anderen herauszuarbeiten. In allen diesen Fällen wird das grundsätzliche Communicare der Sprache als Täuschungsmanöver eingesetzt: Man redet zueinander und agiert dabei gegeneinander. Ist man einmal mittendrin in so einem Sprachgebrauch, so läßt sich wie in Eschers *Gedankenbildern* schwer ein Ausweg finden: Innerhalb des Bildes scheint alles richtig, aber die Umsetzung in die Wirklichkeit ist nicht möglich. Auf dem Weg zwischen Wirklichkeit und sprachlichem Abbild sind Perspektiveverschiebungen und Sprünge passiert, vorübergegangen, ohne daß man rechtzeitig Einhalt gebieten konnte oder wollte. Sie haben mit Verfügen über andere zu tun und pervertieren die Funktion der Sprache: Kommunikation nicht als Miteinander sondern als Gegeneinander; Sprache wird vom Stellvertreter für Wirklichkeit zum Stellvertreter für Unterwerfungsansprüche. Und weil das alles auf dem Weg zwischen Wirklichkeit und Sprache geschieht, ist auch die Rückübersetzung der Sprache ins probeweise innere Erleben ein wesentliches Prüfmoment dafür, welche Art von Sprachverwendung eben im Gange ist. Was das Erleben betrifft, so ist es wichtig zu unterscheiden: Frage ich, was ich aus der subjektiven Sicht meiner Person mit meinem Wissen, meinen Gefühlen, meiner Weltanschauung erlebt hätte, oder frage ich, ob das, was die Sprache sagt, überhaupt erlebbar – im Kontinuum eines Menschenseins möglich – ist. Im erstgenannten Fall kann ich auf verschiedene Dinge probereagieren, Erfahrungen über mich sammeln oder eigenes Verhalten mit anderem vergleichen. Auf das Shakespeare-Stück bezogen, würde ich mich damit beschäftigen, was ich erlebt hätte als Tochter eines Vaters, der öffentlich verkündet, daß er mich loswerden möchte und dem zukünftigen Ehemann einen guten Preis dafür zahlt, und so weiter; die Ergebnisse können sehr subjektiv und individuell verschieden ausfallen. Im zweiten Fall ist die Frage, ob ein Mensch, den man hungern ließ, den Schlaf entzog und das Wort ständig verdrehte, bis er aus Angst vor weiterer Tortur nur mehr gehorcht, glücklicher, reicher oder besser geworden sein könne. Benützbarer für seine Umgebung, eventuell. Als Wohl für die oder den Betroffenen ist so ein Vorgang nicht erlebbar.

Das hat nichts mit subjektiver Sicht zu tun. Auch für das Erleben gibt es objektive Grundlagen. Für Menschen wie für alle lebenden Organismen gibt es Gesetzmäßigkeiten, die zum Beispiel nicht jede Art von Umformung zulassen. Lehm läßt sich in beliebig viele Formen kneten und ist immer noch Lehm; mit einem Apfelbaum kann man das schon nicht mehr machen, und mit einem Menschen auch nicht. Ein zerhackter Apfelbaum ist zwar für den Nutznießer des Holzes noch ein Apfelbaum, im Sinne des Organismus *Apfelbaum* ist er es

nicht mehr. Durch einen Wechsel der Perspektive – vom Wesen eines lebendigen Apfelbaumes und seiner möglichen Geschichte zum Nutznießer des Holzes – kann die Sprache auch
im zweiten Fall den wahren Satz produzieren: „Das ist ein Apfelbaum."

Daß man am Stückende sagen kann: „Das ist Katharina",
während sie nur mehr Vollzugsorgan für Petruchios Befehle
ist, muß man im Sinne der kreativen Selbstverteidigerin und
Schimpferin des Stückanfanges verneinen; aus der Perspektive Petruchios ist es selbstverständlich Katharina, und noch
dazu eine für ihn besser brauchbare.

ANFÄNGE UND ZWÄNGE:
DER SOG ZUM MITTUN

Wer einen Text zu lesen beginnt, hat im allgemeinen vor, sich auf ihn einzulassen. Hinwendung, Einstieg und die Bereitschaft, das Beabsichtigte durchzuführen, hält die Tätigkeit fürs erste in Schwung. Dazu bietet der Text Signale und Reize, die einen Sog entstehen lassen, der das Weitertun erleichtert und verlockend macht.

Überschriften haben im allgemeinen Signal- und Ankündigungscharakter. Selbst wenn sich Fragen ergeben – zum Beispiel: Was ist Zähmung? Was heißt widerspenstig? – so hat ein Innehalten und Kritik-Anbringen wenig Sinn. Die Funktion der Überschrift ist das Ankündigen eines Inhalts, nicht das Erklären. Offene Fragen sind da eine selbstverständliche, wenn nicht sogar wünschenswerte Sache. Beim Beginn der Ode *An die Freude* sind es mit der ersten Zeile noch einmal *Freude* und die Wörter *schön* und *Götterfunken*, die im ausgehenden 18. und im 19. Jahrhundert ein weitgehend positives, widerstandsloses Einstimmen ermöglicht haben. Heute herrscht zwar ein eher mißtrauisches und gebrochenes Verhältnis zu solchen Vokabeln, doch wer einmal begonnen hat, den zieht der deutliche Rhythmus der Zeilen trotzdem kräftig weiter. Das Phänomen des Reimes hat nach wie vor seine suggestive Wirkung (was nicht zuletzt die ausgiebige Verwendung in der Werbung zur Folge hat). Zusätzlich bietet sich in der Zeile „Wir betreten feuertrunken ..." das Personalpronomen *wir* an. Zur Identifikation, zum Mitmachen. „Wir betreten ...": Eine zielgerichtete Handlung ist vorgegeben, die in „Himmlische, dein Heiligtum" führt, ein Ort, der für seine Gäste auch eine gehörige Aufwertung bedeutet. Es folgen die beiden Zeilen, die eine allgemeine Versöhnung signalisieren: „Deine Zauber binden wieder, / Was die Mode streng geteilt".

Der Stabreim *wieder/Was* rückt die beiden Zeilen akustisch zueinander und führt so formal das vor, wovon inhaltlich die Rede ist. Ebenso bringen die vier Trochäen *binDen wieDer, was Die MoDe* durch den je gleichen Anlaut der zweiten Silben, die dreimal auch den je gleichen Vokal haben, einen Gleichklang, der das Inhaltliche unterstützt.

So entsteht von den Worten, Formen und Bildern in den ersten sechs Zeilen eine Vorgabe, die ein positives emotionales Reagieren und Mittun leichtmacht. Wer mitlesend geantwortet hat, ist im Schwung der Sprachmelodie und im Anrufen der Freude eben mit ins „Heiligtum" gegangen, wenn jene siebente Zeile kommt: „Alle Menschen werden Brüder". Es ist wesentlich leichter, sich weitertragen zu lassen, als innezuhalten, das Mittun abzubrechen und die Dinge bewertend neu zu ordnen. In den Bereichen Sprache, Stimmung, Dynamik und Rhythmus herrscht ungebrochene Kontinuität und Stimmigkeit. Die Unstimmigkeit taucht nur kurz auf und betrifft einen Bereich der Wirklichkeit, der bislang nicht erwähnt worden ist. Mit „Wo dein sanfter Flügel weilt" befinden wir uns bereits im Metaphorischen. Die Zeit, die der Bruch gebraucht hätte, um ins Bewußtsein zu dringen, ist nicht gegeben. Selbst wer die Tatsache der Geschlechtlichkeit nicht verleugnen oder ignorieren will, hat es schwer, an dieser Stelle innezuhalten, denn „Wir" sind schon „Alle" im „Heiligtum" der Freude.

Das Hinnehmen der Nicht-Stimmigkeit zwischen Sprache und biologischer Tatsache ermöglicht es, weiterzumachen. Das ist nicht der einzige Vorteil. Auf einer tieferen Schicht der Psyche läßt sich ein zusätzlicher Gewinn verbuchen: Wenn ich den Sprachinhalt „Geschlechtlichkeit" aus der bewußten Wahrnehmung ausklammere, komme ich nicht in Konflikt mit einer strafandrohenden, einengenden Moralauffassung: Das Heiligtum der Freude, in dem alle Menschen diffus uneigentliche Brüder werden, ist dann nämlich asexuell.

Eingebettet ist dieser aus der Sprache entstehende Sog in den größeren Rahmen des Vorbeschäftigtseins. Schiller und Klassik: Das sind zwei Stichworte, die wohl bei Menschen, die im deutschsprachigen Raum aufgewachsen sind, in den meisten Fällen deutliche Haltungen abrufen. Was immer jede/r persönlich davon hält, es ist bekannt, daß es sich bei einem Text von Schiller um etwas sozusagen Approbiertes handelt. So begegnet man nicht nur dem Text, sondern auch der Werteskala einer bestimmten gesellschaftlichen Gruppe. Ein Dazugehörenwollen oder -müssen erzeugt von sich aus ein Klima, in dem das eigene Erleben, wo es die Zugehörigkeit bedrohen könnte, verbogen dargestellt oder ignoriert wird. Beim Literaturunterricht in den Schulen wird das besonders deutlich. Dort gibt es zusätzlich ein Problem der Zeit. Selbst die tolerantesten Lehrenden kommen nicht umhin, die Standardeinschätzung des/r jeweiligen Dichter/s/in zu vermitteln. Wenn die Lernenden Gelegenheit hatten, diese nachzuvollziehen, folgt neuer Stoff, folgen neue Texte. Reste von Unbehagen, aufdämmernde Fragen und Widersprüche müssen im Lerntempo untergehen. Das Kontinuum des persönlichen Lebens und Erlebens wird, was seinen Bezug zu Texterlebnissen betrifft, systematisch außer Kraft gesetzt. Solcherart findet eine alltägliche Konditionierung statt: Nicht die Sprache wird nach ihren Mitteilungen gefragt, sondern eine dritte Instanz – Petruchio – vermittelt, was die Sprache ausgesagt habe. Gewollt oder ungewollt, so etwas erzeugt Hörigkeitsstrukturen. Einmal vorhanden, können diese von den unterschiedlichsten Führern und Vorsitzenden benutzt werden.

Wenden wir uns als Beispiel für einen moderneren Dichter wieder Bertolt Brecht zu. Ohne etwas über den Autor zu wissen, wird kaum jemand ein Brecht-Gedicht lesen. Die Erwartung wird sich mit Begriffen wie Veränderung, Widerspruch-gegen-Etabliertes, politisch links und ähnlichem beschäftigen. Ein gern als Einzelgedicht rezitierter Chor aus dem Stück *Die Maßnahme* sagt es auch gleich in der Überschrift:

ÄNDERE DIE WELT: SIE BRAUCHT ES

Mit wem säße der Rechtliche nicht zusammen
Dem Recht zu helfen?
Welche Medizin schmeckte zu schlecht
dem Sterbenden?
Welche Niedrigkeit begingest du nicht, um
die Niedrigkeit auszutilgen?
Könntest du die Welt endlich verändern, wofür
Wärest du dir zu gut?
Wer bist du?
Versinke in Schmutz
Umarme den Schlächter, aber
Ändere die Welt: sie braucht es![77]

Schon beim ersten Lesen fällt die sprachliche Wucht des Ganzen auf. Eine Forderung wird gestellt, die mit Überschrift und Schlußzeile das erste und das letzte Wort hat. Der sprachliche Impetus von fünf Fragen und drei Aufforderungen hat drängenden, appellierenden Charakter. Er stellt in den Raum, daß das Gegenüber handeln soll.

Was geschieht im Detail? An welche Tatsachen erinnern die Worte? Welches Erleben setzen sie in Gang? Welche inneren Bewegungen? Entsteht unterschwellig oder offensichtlich ein Sog, der die Lesenden/Hörenden in eine konkret vorgegebene Richtung zieht? Wenn ja, in welche? Zu welcher Art von Haltungen und Handlung wird motiviert?

Es geht um Umfassendes, das signalisiert bereits das Wort *Welt* in der Überschrift. Räumlich weiter als die ganze Welt läßt sich ein Aufgabengebiet nicht angeben; das gilt auch für den übertragenen Sinn, mit dem das Funktionieren und der Ablauf des menschlichen Zusammenlebens in der hiesigen Gesellschaft angesprochen ist. Hier liegt die erste Unge-

77) Brecht 1967: Bd. 2, 651f.

nauigkeit. Sie fällt nicht leicht auf, weil es im europäischen Denken tief verwurzelte Gewohnheit ist, andere Kulturen oder Gemeinwesen zu ignorieren oder zumindest im Wert hintanzusetzen. (Nur so konnte das sprachliche Paradoxon einer Ersten, Zweiten, Dritten und Vierten Welt entstehen.)

„Mit wem säße der Rechtliche nicht zusammen / Dem Recht zu helfen?": Auch wenn mit diesem Beginn das Aktivierende der Frageform gegeben ist, geht es nicht wirklich um eine offene Frage, nicht um das Suchen einer Antwort. Die hier verwendete, sogenannte rhetorische Frage wird nur gestellt, um dem Gegenüber zu signalisieren, es handle sich um eine allgemein anerkannte Meinung. Der Fragende legt in Wirklichkeit etwas fest. Das Gegenüber hat nur eine formal implizierte Scheinfreiheit. Durch ihren Gestus suggeriert die Form der rhetorischen Frage[78]: Wir sind doch alle der Meinung, daß ... sich der Rechtliche mit jedem zusammensetzt, wenn es darum geht, dem Recht zu helfen. Die aufgerufene Haltung ist die der Übereinstimmung mit dem Sprecher. Man geht mit. Die Wortinhalte von *Recht, Rechtlicher* und *zusammensitzen* bergen wohl kaum etwas, das zur Ablehnung motivieren würde. Wem die Bibel vertraut ist, den/die mag die Wortschöpfung *Rechtlicher* an Jesus denken lassen, zumal im Zusammenwirken mit dem Bild des An-einem-Tisch-Sitzens mit den gesellschaftlich geächteten Zöllnern. Jedenfalls macht mit dem Rechtlichen, der dem Recht helfen will, bald jemand gemeinsame Sache.

In diese Bereitschaft zum Mittun fällt die zweite Frage: „Welche Medizin schmeckte zu schlecht / Dem Sterbenden?" In-

---

78) Umgangssprachlich wird so ziemlich jede in einem (Vortrags-)Text gestellte Frage als rhetorische Frage bezeichnet; grammatikalisch gilt als rhetorische Frage nur jener Fragesatz, der unterstellt, die GesprächspartnerInnen seien aus guten Gründen alle der in der Frage erkennbaren Ansicht.

haltlich hat ein großer Schwenk stattgefunden: vom allgemeinen Recht zum einzelnen Menschen, der im Sterben liegt.

Hier werden starke Emotionen berührt, seien sie bewußt oder unbewußt. Tod, Sterben und Vergänglichkeit sind Themen, die sich zwar aus dem Bewußtsein verdrängen lassen, nicht aber als Tatsachen an sich. Sie verursachen Angst (mögliche Einzelfälle – hier zum Beispiel von extrem weisen, abgeklärten Menschen – immer ausgenommen). Die Frage impliziert, daß der Sterbende auch die schrecklichste Medizin nehmen würde, um die Chance auf ein Weiterleben zu haben. Eile ist angebracht, auch das signalisiert das sprachlich evozierte Bild des Sterbenden.

Dann heißt es: „Welche Niedrigkeit begingest du nicht, um / Die Niedrigkeit auszutilgen?"

Emotionen und Haltungen, von Wörtern und Sätzen aufgerufen, sind nicht mit eben diesen Wörtern und Sätzen auch wieder vorbei, insbesondere in der konzentrierten Sprache der Dichtung. Sie beginnen mit den Wörtern und Sätzen und brauchen danach Zeit, sich voll zu entfalten. Werbeslogans der Art wie: „Der nächste Winter kommt bestimmt. Die Bahn fährt immer", sind Nutznießer dieses Vorganges. Der Satz vom Winter appelliert an ungeteilte Zustimmung – wer wird bezweifeln wollen, daß es irgendwann wieder Winter wird? Das sichere Gefühl, aus eigener Anschauung bestätigen zu können, wovon gesprochen wird, klingt an. In die sich aufbauende Aktion des Bejahens nistet sich der Satz von der Bahn ein. Verdienter- oder unverdientermaßen, er bekommt von der Haltung der Zustimmung etwas ab. Die Aussage partizipiert an der Wirkung des vorangegangenen Satzes.[79]

Im Beispiel unserer Gedichtzeilen sind Ängste um Sterben,

---

79) Selbst sachlich und logisch völlig unverbundene Inhalte tun so ihre Wirkung; Erfundenes und Erlogenes ebenfalls. Vgl. dazu die interessante Ausführung *Zur Metasprache der Werbung*, Ehmer 1971: insb. 171f.

vielleicht um totales Nicht-Sein, angesprochen. Das Bedürfnis, dringend eine Maßnahme zu setzen, ist angeklungen. Angst hat immer mit Enge zu tun. Enge des Denkens, eingeengte Handlungsmöglichkeiten, beschränkte Aufmerksamkeit. Ob die persönliche Reaktionsvariante eher die aktive Flucht ist oder der Totstell-Reflex, oder ob die Aktion des Verdrängens in Gang gesetzt wird, man ist nicht ganz da, nicht voll einsatzfähig, während die Sprache auf die Niedrigkeit kommt, mit der Unterstellung, daß jede/r sie begehen würde, um die Niedrigkeit auszutilgen. Im ersten Satz des Gedichtes bestand oberflächlich gesehen kein Grund, der Suggestion mitzumachen, ernsthaft entgegenzutreten; im zweiten Satz beschäftigt der Text die Zuhörenden mit dem Extremfall des nahenden Todes; im dritten Satz ist man zu beschäftigt, um neutral zuzuhören. Eine nüchterne, nicht mit dem Vorhergegangenen beschäftigte Haltung, wird die in der Frage enthaltene Aufforderung problematisch finden. Sie befürwortet Niedrigkeit. Das Schlechte wäre in Ordnung, sobald man gute – wer bestimmt, was das ist? – Absichten damit verfolgt. Lassen wir einmal beiseite, ob es zweifelsfrei eine gute Sache wäre, das Niedrige auszutilgen, so unterstellt der Satz immer noch, daß der Zweck die Mittel heilige. Historisch gesehen sollte es nach einer Unzahl vorgeblich heiliger Kriege klar sein, daß dem nicht so ist. Genau zu dieser Haltung aber will der Satz verführen: „Welche Niedrigkeit begingest du nicht, um / Die Niedrigkeit auszutilgen?" Zusätzlich verlangt die Formulierung einen geistigen Salto mortale. Austilgen heißt völlig vernichten, ganz und gar beseitigen. Wenn ich also alles Niedrige beseitige und selbst dazugehöre, muß ich mich selbst austilgen. Wer sich mit diesem Satz identifiziert, bedroht sich mit Selbstvernichtung.

Ist man also durch Vorbeschäftigung noch nicht genügend abgerückt, so muß man aus inhaltlichen Gründen zu dieser sprachlichen Form auf Distanz gehen. Konsumierbar ist der Satz, wenn überhaupt, nur mit einem willkürlichen und damit fehlerhaften Wechseln der Inhalte für ein und denselben Begriff. Das Wort *Niedrigkeit* meint dann einmal eine einzelne, konkrete Tat, die wegen des Wohles der „Welt" zu befürworten ist; und dasselbe Wort meint beim zweiten Mal ein allgemeines Etwas, das es zum Wohl der Welt zu vernichten gilt. Der Sprache so begegnen zu müssen, heißt, der Willkür Tür und Tor zu öffnen. Ein Redner, der die Sprache gebraucht, wie es dieser Satz demonstriert, benimmt sich wie Petruchio. Er zielt auf die Unmündigkeit und den totalen Gehorsam seines Gegenübers ab. Ob das sprachliche Zeichen die Sonne oder der Mond, ein alter Mann oder ein junges Mädchen ist, ob es meine hehre Aufgabe oder das zu vernichtende Niedrige ist: Als RezipientIn kann ich nicht mein eigenes Wissen oder Erleben befragen, ich muß zu mir selbst auf Distanz gehen.

Mit der Frage nach dem Begehen der Niedrigkeit ist das Gedicht, gemessen an der Anzahl der Zeilen, am Ende der ersten Hälfte. Und obwohl man auf den ersten Blick meinen könnte, Brechts Gedicht sei weit entfernt von Schillers Ode[80], so bestehen, was die Impulse für die Rezipierenden betrifft, in den Anfängen deutliche Übereinstimmungen. In beiden Fällen geht es um einen umfassenden Anspruch: Die Menschheit soll beglückt werden. Bei Schiller durch die Einführung einer männlichen Menschheitsfamilie im Heiligtum der Freude, bei Brecht durch das Bestreben, die Welt als Gesamtes zu verändern, und zwar soweit es im ersten Teil des Gedichtes ersichtlich ist, durch Austilgen der Niedrigkeit. In

---

80) Brecht hat sich allerdings vor und vermutlich noch zur Zeit der Niederschrift des Stückes *Die Maßnahme* intensiv mit Schiller beschäftigt. Vgl. dazu auch Mittenzwei 1987: Bd.1, 334f.: „Die oft überhitzte Polemik [Brechts gegen die Klassiker] täuscht nicht darüber hinweg, daß auf Brecht kein anderer deutscher Dichter einen so nachhaltigen Einfluß ausgeübt hat wie Schiller."

beiden Fällen stehen am Beginn bedeutungsschwere Worte, eingebunden in sprachliche Strukturen, die ein Mittun nahelegen; in beiden Fällen ist eine starke Emotion angesprochen – einmal Freude, einmal Todesangst; und beide Gedichte führen in Aktionen, die das kontrollierende Miterleben abstellen, sonst wäre „Alle Menschen werden Brüder" und „Welche Niedrigkeit begingest du nicht, um / Die Niedrigkeit auszutilgen?" nicht möglich. Ein auffallender Unterschied besteht darin, daß im einen Fall alle Menschen oder mindestens alle Brüder angesprochen werden, im andern Fall ein einzelnes Du. Während sogar im Glauben des Christentums der Sohn Gottes nur die Möglichkeit des Erlöstseins eröffnet, faßt das Brecht-Gedicht die Möglichkeit ins Auge, die Niedrigkeit überhaupt auszutilgen und den Menschen eine zum Guten veränderte Welt zu übergeben. Dem Gedicht liegt eine Utopie zugrunde, die keinerlei Anspruch auf Wirklichkeitssinn stellen kann. Trotzdem ist es nach dieser sechsten Zeile bereits schwierig, auszusteigen. Wer den Text begonnen hat, mit der Bereitschaft mitzugehen, ist verfangen oder befangen: in Starrheit oder Flucht (wegen zu beängstigender Gefühle), oder Spaltung (der gedankliche Inhalt ist nicht nachvollziehbar; das Mitgehen muß diffus gefühlsmäßig unter Abspaltung des Denkens oder gedanklich-programmatisch unter Ignorieren des Erlebens vor sich gehen) oder in Double-bind-Spannung (die ersehnte Tat der Erlösung beinhaltet Selbstauslöschung). Nur, wer eine klare, durchdachte und handlungserprobte Gegenposition hat, kann mit unbeeinträchtigter Denk- und Erlebensfunktion weiterlesen. Inhalt der Gegenposition ist für die Textbegegnung nicht so wesentlich wie die Tatsache ihrer erlebnismäßigen Präsenz. Wer beispielsweise in der Gewißheit lebt, die Welt muß so genommen werden, wie sie sich jeweils darbietet, und man müsse dann das Beste für sich daraus machen, der wird einen Text, dessen dringliches Anliegen das Verändern ist, nur mit kühlsachlicher Neugier lesen; quasi als einen Befund über Menschen anderer Art. Wer eine Lebenseinstellung hat, die nur Veränderungen an sich selbst für sinnvoll anerkennt und nach der Einschätzung handelt, Selbstveränderung sei das einzig ethisch Verantwortbare und wirke ihrerseits nach außen, wird von dem Text ebenfalls nicht existentiell berührt sein.

Bleiben wir aber bei denjenigen Lesenden, die sich angesprochen gefühlt haben mitzugehen. Für sie wird der Sog zum Mittun zu einem Sog in partielle Blindheit. Das Bild des Sterbenden hat Enge und Angst evoziert. Die Forderung ist angeklungen, Niedrigkeit zu begehen, um Niedrigkeit auszutilgen. Es folgt die Frage: „Könntest du die Welt endlich verändern, wofür / Wärest du dir zu gut?" Der erste Teil mildert und verstärkt den Druck auf den Angesprochenen. Einerseits wird der Anspruch, die Welt zu verändern, durch den Konjunktiv weniger wuchtig, andererseits ist er jetzt explizit an das Du gerichtet: „Könntest du ...". Der zweite Teil „Wärest du dir zu gut" läßt Inhalte anklingen, die als Druckmittel Tradition haben. Der unterschwellige Vorwurf kann treffen. Wer will sich sagen lassen, er/sie habe es aus Hochmut oder Dünkel verabsäumt, die Welt von Niedrigkeit zu befreien?

„Wer bist du?" stößt die nächste Zeile nach; wobei in dieser berühmten philosophischen Frage hier das Abwertende von „Wer bist du denn schon?" aggressiv mitschwingt.

Die Aufmerksamkeit ist also eingeengt, das Selbstwertgefühl bedroht, das reagierende Erleben mit vielerlei, meist Unbewußtem – beschäftigt, wenn die drei Anweisungen fallen:

Versinke in Schmutz
Umarme den Schlächter, aber
Ändere die Welt: sie braucht es!

Wer sich von der Überschrift angesprochen gefühlt hat, erinnert oder erneuert durch die letzte Zeile seine diesbezüglichen affirmativen Impulse. Die anfängliche und letztendliche Zustimmung umklammern in trügerischer Eintracht eine Menge Ungereimtes. In Schillers Heiligtum der Freude unterbleibt die körperliche Liebesgeste. Bei Brecht wird sie gefordert: für den Schlächter! Läßt man sich für ein nachvollziehendes Miterleben Zeit, so entsteht ein unangenehmer innerer Film: „Ich umarme den Schlächter". Das ist im physischen Sinn widerlich. Der Körper reagiert auf die Gegenwart eines Schlächters mit Anspannung, Kampf- oder Fluchtbereitschaft. Das Hinbewegen auf ein Umarmen ist dem völlig zuwider. Und welcher Schlächter ist überhaupt gemeint? Einer, der mich oder der andere bedroht? Wen hat er bereits geschlachtet?

Im Text folgt dem „Versinke in Schmutz / Umarme den Schlächter" das Wort „aber", das durch seine Position am Zeilenende besonderes Gewicht erhält. Was die Widerlichkeiten der auftauchenden Bilder betrifft, hat es eine entlastende Funktion für die Psyche. Ein *aber* läßt aufatmen, denn es kündigt einen Gegensatz oder eine Einschränkung an. Die Einschränkung, die dann folgt, ist die geforderte Weltverbesserung. Nur unter dieser Bedingung soll der Schlächter umarmt werden. Wird der Schlächter gut, wenn ihn jemand umarmt? Oder ist in Anlehnung an die biblische Erzählung der Judith gemeint, töte den Schlächter – also das Gegenteil vom wörtlich Verlangten? Da aber der Rechtliche mit im Bild ist, gibt das eine schiefe Optik, nicht zuletzt auf die Geschlechtlichkeit.

Dem Anliegen, das im Gedicht anklingt, läßt sich kein konkreter Inhalt zuordnen. Das Sprachgebilde ist für Deutungen dermaßen offen, daß, wie in der Ode *An die Freude*, lieben bis töten gleichermaßen Platz hat. Wenn als Ergebnis eines solchen Sprachbildes ein Einverständnis zwischen Menschen entsteht, so beruht es wieder auf Inhalten, die nie zur Sprache gekommen sind. Kommunikationssignale außerhalb der Bedeutung der Wörter haben ein Einverständnis hergestellt. Die Sprache selbst hat verschleiernde Funktion. Was als Ergebnis von Worten betrachtet wird, ist das Ergebnis von Emotionen, inneren Vorgängen und unbewußt akzeptierten Versatzstükken. Ihre Funktion als Statthalter ist der Sprache weitgehend genommen. Sie bleibt zwar Mittel zu einem Zweck, aber nicht mehr in ihrer spezifischen Funktion. Der Unterschied ist ähnlich gravierend wie der, ob ich ein Haus kaufe und dazu Geldscheine verwende, oder ob ich die Geldscheine anzünde, um den Besitzer mit Feuer zu nötigen, mir das Haus zu überlassen. In beiden Fällen verwende ich Geld, in beiden Fällen verfolge ich eine Absicht und erreiche mittels des Geldes mein Ziel. Einmal verwende ich das Geld als Zahlungsmittel, das ist der spezifische Zweck, der Geldscheinen von einer größeren Personengruppe zugesprochen worden ist; im zweiten Fall als Brennmaterial. Diese Verwendung ist möglich, aber unspezifisch. Von rechtlicher Seite betrachtet ist der Unterschied ebenfalls groß: das eine Mal Kauf, ein einwandfreier Vorgang, das andere Mal Erpressung, eine Straftat.

In Sätzen wie „Ändere die Welt: sie braucht es!" und „Alle Menschen werden Brüder" wird Sprache unspezifisch gebraucht. Die Wörter haben keine Statthalter-Funktion. Solche Sätze knüpfen unter den Menschen Verbindungen im Reich der Wünsche, Hoffnungen, Sehnsüchte oder im Raum der Erfahrung eines Mangels an Gemeinsamkeit. Wer mit anderen einig ist über „Ändere die Welt: sie braucht es!", ist über eine Sehnsucht einig, nicht über irgendeinen Inhalt. Einigkeit via und über Sehnsucht täuscht eine Einigkeit über Wortinhalte vor, die nicht vorhanden sein kann, da die Inhalte der verwendeten Worte so extrem vage sind. Interessante innerpsychische Veränderungen treten ein, wenn solche Sätze konkretisiert werden. Die wahrnehmende Beteiligung ist spürbar neu strukturiert, wenn statt „Ändere die Welt: sie braucht es!" der Satz mitvollzogen wird: „Ich ändere meinen Terminplan", oder von „Alle Menschen werden Brüder" zu „Herr Konstantin verbrüdert sich mit seinen Nachbarn". Der qualitative Unterschied liegt im konkreten Bezug zur Welt der Erfahrungen und objektivierbaren Tatsachen. Die (neuen) Sätze haben Statthalter-Funktion für Wirklichkeit. Eine gemeinsame Sehnsucht ist zwar durchaus auch Realität, diese Realität wird (in unserem Beispiel) aber *benützt* (Geldscheine sind brennbar), statt in Worten *wiedergegeben* (ein regulärer Kauf). Die Worte stehen zur Sehnsucht in einer unspezifischen, eher zufälligen und jedenfalls unzuverlässigen Beziehung. Was da aufgerufen wird, läßt sich nicht haftbar machen in der konkreten Tatsachen-Welt. Das Wortmaterial täuscht zwar das Funktionieren von Sprache vor, funktioniert aber ähnlich mancher Musik als Stimmungsmache.

Sprache ist – unter anderem – als Handlung zu begreifen, an der mindestens zwei Menschen, egal ob gleichzeitig, zeitversetzt oder imaginiert, *direkt* und die größere Gruppe der VerwenderInnen derselben Sprache *indirekt* beteiligt sind. So eine Handlung geschieht notwendigerweise in Raum und Zeit und mittels der physisch-psychisch-geistigen Kraft der Handelnden nach dem Prinzip, daß Worte einen Inhalt abbilden, den der andere Kenner derselben Sprache herausliest oder herauslesen könnte. Sprache, jedenfalls die Wort-Sprache von der hier die Rede ist, ist also Handlung, und ohne handelnde Person nicht existent – auch wenn die Handlung für außen nicht sichtbar im Inneren eines Menschen vor sich geht. Ohne zu handeln, gibt es kein Lesen, kein Hören oder sonst einen Sprachvollzug. Und dabei ist Sprache immer *gemeinsames* Tun. Selbst wenn im aktuellen Lesen oder Schreiben der/die einzelne allein ist, so ist ohne das Tun der Allgemeinheit, die diese Sprache spricht, ein Vollzug nicht vorstellbar. Ebenso wie Geldscheine als Gegenwert für ein Haus sinnlos wären, wenn nicht eine größere Gruppe von Menschen dieses Geld als Zahlungsmittel – als Statthalter für bestimmte Inhalte – akzeptieren würde. Sprache ist also Tat, bei der, lange bevor es um Begriffe, Worte und Inhalte von Worten geht, durch Tun eine Gemeinsamkeit gesetzt worden ist. Und ein vager Anspruch auf Gemeinsamkeit ist oft genug das unerkannte Hauptmotiv beim Sprachvollzug. Der berühmt-berüchtigte Small-Talk ist gemeinschaftliches Tun, um zu signalisieren, man gehöre zu einer, sich meist gefühlsmäßig konstituierenden Gruppe; manche Fachterminologie soll erst einmal Gemeinsamkeit einer sich elitär denkenden Gruppe signalisieren, noch bevor oder während Inhalte ausgetauscht werden. Die Funktion der Gemeinsamkeit wird ausgiebig benützt, wenn Kommunikation mit einzelnen Vokabeln Haltungen abruft: *Emanzen, Sozialismus* oder *Umweltschutz*, Namen wie *Goethe, Alice Schwarzer* oder PolitikerInnennamen genügen da, damit Positionen und Gruppengefühl bezogen werden. Das Spezifische von Sprache – daß Abbilder von Wirklichkeit transportiert und zu unterschiedlichen Zwecken artikuliert werden – wird in solchen Fällen nur bruchstückhaft verwirklicht, manchmal zufällig, manchmal als Köder eingestreut. Nicht wenige Texte aktivieren fast ausschließlich den Gemeinschaftsaspekt der Sprachhandlung. So zielt die Ode *An die Freude* auf eine gemeinschaftliche Gestimmtheit, für die ohne Verlust das Schlüsselwort *Freude* fehlen kann. In einem Konzert nach dem Fall der Berliner Mauer hieß es „Freiheit, schöner Götterfunke". Es funktionierte. Die gleichgestimmte Menge in ihrer Gemeinschaftlichkeit war Ausgangspunkt und Ziel der, von der Musik mitbestimmten, Sprachhandlung.

Anspruch auf Gemeinschaftlichkeit ist selbstverständlich legitim. Es ist auch in Ordnung, wenn sie mittels Sprachvollzug hergestellt wird. Täuschung ist es allerdings zu meinen, man hätte sich über einen Inhalt geeinigt, wenn man sich bloß im gemeinsamen Sprechen, Singen oder Hören zusammengetan hat. Sprache hat da keine Statthalter-Funktion für Wirklichkeit. Ein Inhalt, auf den man sich über den Augenblick des gemeinsamen Tuns hinaus berufen könnte, wurde nicht besprochen. Die Tatsache, daß ein sinnvoller Sprechvorgang eine (Sprach-)Gemeinschaft voraussetzt, darf nicht verwechselt werden mit einer gemeinsamen Meinung über Sachverhalte. Nicht einmal mit einer gemeinsamen Emotion. Wenn Worte Rhythmus erzeugen und Dynamik und Stimmung hervorrufen, bringen sie trotzdem gleichzeitig den Anspruch mit, daß Worte Inhalt bedeuten. So kann jede/r seine/ihre Illusionen als Inhalt wähnen und die gleiche Stimmung der anderen für Zustimmung zu den individuell vermuteten Tatsachen halten. Die anderen sind aber nicht gleicher inhaltlicher Meinung, sie sind nur gleicher Sprachgemeinschaft. Wer Sprache benützt, handelt nach einem – ungeschriebenen – Vertrauensgrundsatz. Ähnlich wie Teilnehmende im Straßenverkehr. Dort kann ich mich darauf verlassen, laut Gesetz, daß alle zurechnungsfähigen Menschen die Straßenverkehrsordnung beachten, bei rot stehenbleiben und so weiter. Der Vertrauensgrundsatz der SprachbenützerInnen könnte etwa lauten: Alle zurechnungsfähigen Menschen, die etwas sagen (oder schreiben), wollen entweder einem inneren Zustand Ausdruck verleihen, etwas mitteilen oder etwas verhandeln, oder etwas den Worten Entnehmbares erreichen. Daher stellt man Lebenszeit, Aufmerksamkeit und Energie zur Verfügung und erwartet, daß ein Text dem Vertrauensgrundsatz gemäß etwas liefert.

Texte oder Sprachhandlungen erhöhen im Idealfall bei den Rezipierenden das Bewußtsein von Wirklichkeit. Sie schärfen die Sicht, sei es auf Menschen, auf Situationen oder auf Zusammenhänge. Nach einem guten Text ist die Wirklichkeit klarer erlebbar und vielfältiger oder reicher wahrnehmbar. Innerhalb eines Textbeginns kann sich dieser Gewinn nicht einstellen, sonst würde der Beginn schon genügen. Deshalb liest man weiter. Die unterschiedlichsten Mittel – faire und solche, die das in den Text gesetzte Vertrauen mißbrauchen – erzeugen dann Impulse, deretwegen man weitertut – oder aufhört.

AUTOR – AUTORITÄT – MACHT:
„in M... traf ich ... Herrn C."

Der Text *Über das Marionettentheater* von Heinrich Kleist beginnt folgendermaßen: „Als ich den Winter 1801 in M... zu-
brachte, traf ich daselbst eines Abends, in einem öffentlichen
Garten, den Herrn C. an."[81]
Wer sich auf den Text einlassen will, stellt also Zeit, Aufmerksamkeit und Energie zur Verfügung. Im grundsätzlichen Vertrauen darauf, daß der Text etwas den Aufwand Lohnendes
liefert. Dieses Erwarten ist bereits innere Handlung. In welche
Richtung wird die Erwartung gelenkt durch den Beginn „Als
ich im Winter 1801 ..."? Tendenziell stellt man sich wohl darauf ein, daß von etwas Konkretem die Rede sein wird.
„Abends, in einem öffentlichen Garten" entspricht der Erwartung: Eine Tageszeit und ein Ort sind genannt. Bei der dazwi-
schenliegenden Angabe „in M..." und der nachfolgenden
„Herrn C." wird die Erwartung düpiert. *In* und *Herrn* zielen
noch auf Konkretes, dies aber wird, unvermutet, nicht geliefert. Es fehlt die Erfüllung, die der Hinleitung gemäß wäre. Die
Energien, die für das Wahrnehmen und Verarbeiten der signa-
lisierten Inhalte bereitgestellt worden sind, bleiben ohne Aufgabe, Konkretes bleibt ausgespart, aber der Schein und damit der Gefühlswert des Konkreten wird im Text gleich wieder
verstärkt, wenn Kleist im zweiten Teil des Satzes „Herrn C."
genauer vorstellt: „[...] der seit kurzem, in dieser Stadt, als erster Tänzer der Oper, angestellt war, und bei dem Publiko außerordentliches Glück machte."[82]
Egal, ob es sich um reine Fiktion oder ein authentisches Ereignis handelt: Sowohl die konkreten Angaben wie auch die

81) Kleist 1990: 84.
82) Ebda.

Abkürzungen erzeugen Reaktionen. Der Text setzt eine Dynamik in Bewegung, die schon wegen der kurzen Zeit von wenigen Sekundenbruchteilen größtenteils unbewußt abläuft. Die Informationen (Winter, abends, öffentlicher Garten, Tänzer, Oper, Publikum, außerordentliches Glück) können sich in inneres Erleben, in Bilder und ein Gefühl von Wissen umsetzen. Die Abkürzungen haben jedoch Energien zum Verarbeiten von Information hervorgerufen, die ohne die erwarteten Aufgaben – und daher vorerst unverbraucht – bleiben. Die Buchstaben sind Statthalter für Wirklichkeit, die der Autor vorenthält. Warum hat Kleist sie nicht weggelassen, da sie doch keinen Inhalt liefern? Anknüpfen an eine literarische Tradition, zumal des 18. Jahrhunderts, mag ein äußerlicher Grund sein. Was leisten sie für uns? Was bewirkt der Andeutungscharakter in unserer Wahrnehmung? Sie leisten zweierlei: Erstens rufen sie die schon genannten Energien hervor; zweitens teilen sie mit, daß Information existiert, die – noch? – nicht gegeben wird. So wird für die Kommunikation ein zweiter Schauplatz eröffnet: Es geht nicht nur „Über das Marionettentheater" und die Begegnung des Ich-Erzählers mit Herrn C., es geht auch um eine Spannung, die zwischen Autor und Lesenden entsteht. Der Autor deklariert sich als einer, der Information zurückhält, obwohl durchaus Platz und Zeit dafür wäre. Ich, als Lesende/r – habe zu akzeptieren, daß das Informationsgefälle größer ist, als sachbedingt einsichtig wäre. Eine Rangordnung ist hergestellt. Der Autor behandelt sein Publikum nicht wie Seinesgleichen. Wenn ich weiterlese, muß ich mich dieser merkwürdigen Übereinkunft unterwerfen.

Zwar besteht bei fast allen Texten ein Informationsgefälle zwischen AutorIn und Lesenden. Denn anders als das Gemälde, das sich dem Blick als Ganzes präsentiert, läßt sich ein Text nur im Nacheinander der Sätze und Mitteilungen aufnehmen. Nicht mehr und nicht weniger Inhalt wird geliefert, als Autor oder Autorin ausgewählt haben. Das liegt in der Natur der Sprache und der Wahrnehmung. Abkürzungen jedoch sagen, daß der Autor oder die Autorin eine Mitteilung eben *nicht* macht. Für die Lesenden ergibt sich eine offene, nach Füllung verlangende Kommunikationssituation. Die Spannung erhöht sich durch die bereitgestellten, aber unverbrauchten Energien. Diese können beispielsweise verwendet werden, um nach Gründen zu suchen, warum der Autor/die Autorin gerade eine bestimmte Information verschweigt. Eine der berühmtesten Novellen von Kleist heißt *Die Marquise von O...* Die Marquise, deren Namen im Titel und in der Novelle verschwiegen wird, ist schwanger geworden und sucht per Zeitungsinserat den Vater des von ihr erwarteten Kindes. Als Witwe, die zweifache Mutter ist, weiß sie nicht, wie, wann und von wem sie das Kind empfangen haben könnte – was ihr verständlicherweise niemand glaubt. Die Peinlichkeit, die so eine Geschichte, geschrieben am Beginn des 19. Jahrhunderts, darstellt, legt die Abkürzung des Namens nahe. Diskretion wird signalisiert, ein Skandal zwar erzählt, aber ohne die Beteiligten öffentlich an den Pranger zu stellen. Das stilistische Mittel tut seine Wirkung. Die Abkürzung weist Mitgefühl aus und schont den Ruf einer Frau, die, während sie ohnmächtig war, vergewaltigt worden ist. Es gibt die Stadt „M...", den „Obrist von G...", den „Graf F..., Obristlieutnant vom t...n Jägerkorps" und anderes mehr in der Novelle, was nicht beim Namen genannt wird. Der zweite Schauplatz, der durch das Verfahren, Namen abzukürzen, eröffnet wird, erzählt von der Gesellschaft, in der die Lesenden und der Autor leben. Vor allem die Übereinkunft klingt an, daß es ein Skandal sei, ein Kind zu bekommen, ohne einen legal zugeordneten Vater; außerdem das Wissen, daß sich die Gesellschaft berechtigt, wenn nicht verpflichtet fühlt, eine Mutter und ihr Kind zu ver-achten, wenn die Eltern des Kindes nicht vorschriftsmäßig verheiratet sind. Dieser zweite Schauplatz, zusätzlich zur eigentlichen Geschichte der Marquise gibt den unverbrauchten Energien zahlreiche Möglichkeiten zur Betätigung: Unverstandenes läßt sich beruhigend zuordnen; Vorurteile können aktiviert werden, Empörung, Schauder, Mitleid, Verachtung, Angst. Und nichts von diesen Reaktionen muß sich an der Wirklichkeit messen. Weder hämische Schadenfreude noch verzeihende Großzügigkeit muß je damit rechnen, sich tatsächlichen Personen gegenüber zu verantworten oder zu bewähren. Die eigene Reaktion und Haltung muß nicht einmal bewußt werden, denn kein konkretes Gegenüber zwingt sie, sich zu deklarieren. Das vertraute und eher unwichtig erscheinende Mittel der Namensabkürzungen erzeugt für die am Text teilnehmenden Personen beachtliche Freiräume. Die Geheimhaltung in bezug auf die Personen und Orte der Handlung erweist sich als Möglichkeit, reagierende Emotionen vor dem Bewußtsein geheimzuhalten.

Im Fall des *Marionettentheaters* kann man anfangs wohl ebenfalls Diskretion als Grund für die Abkürzungen vermuten. Anschließend an den oben zitierten Satz heißt es:

> Ich sagte ihm, daß ich erstaunt gewesen wäre, ihn schon mehrere Mal in einem Marionettentheater zu finden, das auf dem Markte zusammengezimmert worden war, und den Pöbel, durch kleine dramatische Burlesken, mit Gesang und Tanz durchwebt, belustigte.[83]

Auch für das „erstaunt gewesen" ist der Grund nicht auf den ersten Blick ersichtlich. Dann taucht im Text der *Markt* auf, der als Ort für das Alltägliche, Grelle und Laute gilt. Dort war das Marionettentheater *zusammengezimmert*, ein Wort, das Flüchtiges, Zufälliges und damit auch Wenig-Wertvolles mitbedeutet. Das Wort *Pöbel*, auch wenn es zu Kleists Zeiten verbreiteter war als heute, läßt sich nicht ohne eine soziale Rang-

---

83) Ebda.

ordnung vergegenwärtigen. Auf dieser Skala steht ein Teil des Volkes unten. Die Wörter *klein, Burleske* und *belustigen* intensivieren den Eindruck, daß da einer von oben nach unten spricht; daß er ein Wertesystem für selbstverständlich hält, in dem er auf eben besagten „Pöbel" herabblickt. Der Sprecher befindet sich in dieser Hierarchie oben und blickt auf die unten verächtlich, bestenfalls gönnerhaft, auf jeden Fall aber *herab*. Aus dem ersten Satz ist offen geblieben, wie die Abkürzungen zu deuten sind. Eine Rangordnung zwischen Autor und Lesenden hat dem Autor nicht kontrollierbare Vorrechte eingeräumt. Ein eventuell aufkeimendes Unbehagen, daß man nicht zum Kreis derer gehört, die den Ort „M…" und „Herrn C." kennen, kann man abwehren, indem man sich auf die sozial höhere Stufe der Gesprächsteilnehmer stellt und mit dem Ich-Erzähler „erstaunt" auf den „Pöbel" herabblickt.

Dieser Mitvollzug während des Lesens ist zwar durchaus auch vermeidbar, dann bleibt aber der Text trocken und uninteressant. Pure Willensanstrengung wäre nötig, um weiterzulesen. Für eine Aktivierung der Emotionen, die eine Beteiligung herstellen und Interesse bewegen, gibt es keine andere Möglichkeit als die mit sozialem Druck belegte Rangordnung aufzurufen. Wer sich mit dem Text mitbewegen will, wird geneigt sein, das Angebot, auf andere herabzublicken, anzunehmen. Zu einem Zeitpunkt, an dem die Diskussion Anmut-kontra-Denken noch nicht einmal genannt ist, hat man so schon Partei ergriffen: die Partei der beiden Sprecher, also der Angeseheneren und Mächtigeren.

Solch eine Entscheidung fällt auf emotionalem Weg. Das notwendig aufgerufene Oben und Unten ist ebensowenig mit Worten benannt wie die dazugehörige Skala zwischen den Polen wertvoll/angesehen und minderwertig/verachtet. Es kann daher leicht vor dem Bewußtsein verborgen bleiben, daß man auf emotionalem Weg beschlossen hat, nicht zu den

Verachteten zu gehören, sondern zu denen, die verachten. Es lohnt sich, eine Umkehrprobe zu machen, um den Raum deutlicher spürbar werden zu lassen, den zwei nicht besonders auffällige Abkürzungen für die innere Tätigkeit eröffnen; ein Raum, der die Geheimhaltung aufsteigender sozialer Ängste ermöglicht. Hier die Umkehrprobe (eine von mehreren denkbaren Varianten):

> Im Winter 1801 traf ich, eines Abends, in der Stadt, in der ich verweilte, Herrn Corvus, den ersten Tänzer der Oper, der seit kurzem in dieser Stadt angestellt war, und bei dem Publiko außerordentliches Glück machte.
> Ich sagte ihm, daß ich erstaunt gewesen wäre, ihn schon mehrere Mal in einem Marionettentheater zu finden, das auf dem Markte zusammengezimmert worden war, und den Pöbel, durch kleine dramatische Burlesken, mit Gesang und Tanz durchwebt, belustigte.

Durch das Fehlen der Abkürzungen fehlen die Energien, die nach einer Aufgabe suchen; es fehlt das Aufzwingen einer Unterordnung, denn der Autor verwendet die Sprache gemäß dem Vertrauensgrundsatz; und es fehlt die Tat des Geheimhaltens, wodurch der Inhalt des Gesagten klarer hervortritt: In der Folge wird man in der anklingenden gesellschaftlichen Teilung nicht so leicht Partei. Liest man dagegen das Original, so schiebt sich etwas Verunklarendes über das erzählte Ereignis. „in M… traf ich … Herrn C." stellt eine Mißachtung der Lesenden dar und setzt Emotionen in Bewegung. Impulse, sich gegen Verachtetwerden abzusichern, können entstehen. Als Folge schließt man sich unbewußt dem Stärkeren an, denn das bedeutet Aufwertung und Sicherheit. Die Emotionen werden also mit der Kraft und Dynamik, die besonders den unbewußten zu eigen ist, alles Erfindbare tun, um dem Verstand die Argumente der Mächtigeren (ein-)leuchtend in den Vordergrund zu stellen. Solcherart steht der Intellekt im Sold der Emotionen, weiß aber davon nichts. Er hält die Ergebnisse, zu denen er gelangt, für Ergebnisse rationalen Denkens. Genaugenommen sind solche Ergebnisse erfolgreiche Schutzmaßnahmen der Psyche. Alle Argumente des Ich-Erzählers und seines Gesprächspartners haben mächtige Fürsprecher: die Impulse, zu denen oben gehören zu wollen und nicht zu den Verachteten. Auf die Diskussion Denken-kontra-Anmut bezogen, sind diese Impulse selbstverständlich völlig unsachlich. Wirkung haben sie allemal, wie schon aus der Geschichte vom Dornauszieher zu erkennen war. Wer will wegen eines ausgelachten Halbwüchsigen die schützende Allianz mit denen oben aufgeben?

Die Erfahrung lehrt, daß vieles vorgegeben ist, sobald ein Mensch gesellschaftlich oben respektive unten eingeordnet ist. Unzählige Kleinigkeiten, weitreichende Folgen, Erwartungshaltungen, Ansprüche und Tabus ergeben sich daraus.[84] Übergeordnet oder untergeordnet: Dieser Einschätzung ist kaum zu entkommen. In Beruf, Schule und beim Militär ist die Rangordnung offensichtlich; nicht immer so offensichtlich ist sie in anderen Gruppen und Familien; manche Über- und Unterordnung wird als naturgegeben angesehen oder ist dem Bewußtsein überhaupt verborgen.

In Lessings *Minna von Barnhelm* wird die Titelheldin unsanft auf die gesellschaftliche Rangordnung Mann-über-Frau verwiesen: Minnas Reise nach Berlin, die sie mit ihrer Zofe Franziska unternimmt, war fürs erste erfolgreich. Die beiden kön-

---

84) Noch offensichtlicher und bewußter als heute waren diese Vorgaben zu Zeiten absolutistischer Herrschaft. Es wirft ein erhellendes Licht auf gegenwärtige Strukturen, sich diese, damals meist als selbstverständlich und gottgewollt erlebten Spielregeln in ihren konkreten Auswirkungen vor Augen zu führen. Vgl. Ehalt 1980. Zum Thema Gesprächsführung heißt es (77): „Dabei ging es nicht um den Austausch von Meinungen über Sachen. Rangfragen und nicht Sachzwänge bestimmten den Verlauf des Gesprächs, in dem der Höfling durch die Wahl des sprachlichen Ausdrucks seine Beziehung zu jedermann nach oben und nach unten genau markierte."

nen Minnas geliebten Major von Tellheim ausfindig machen. In eben der Herberge, in der die beiden Frauen ein Zimmer nehmen, hat er bislang gewohnt. Wegen unbezahlter Rechnungen ist er aber vom Wirt ausquartiert worden.

Die erste Begegnung der beiden Verlobten zeigt, daß auch der Major Minna nach wie vor herzlich liebt. Nach Ende des Siebenjährigen Krieges ist er jedoch in Unehren entlassen worden, er ist wegen schweren Betruges angeklagt und seine Güter sind vom König konfisziert. Minna ist selbstverständlich von Tellheims Unschuld überzeugt. Da sie Erbin eines großen Vermögens ist, stünde dem Wiedersehens- und Eheglück der beiden nichts im Wege; eine Verleumdung könnte der Major bekämpfen, egal ob er verheiratet ist oder nicht. Aber das Tellheim beherrschende Konzept von oben und unten gebietet etwas anderes. Er hängt einem Begriff von Ehre an, der nicht nur ein bestimmtes Verhalten im Kriegsfall, sondern auch im Zusammentreffen von Mann und Frau vorschreibt: Ein Mann, so will es diese Sicht glauben machen, erhöht eine Frau gesellschaftlich durch Ehe, allerdings nur, wenn er ihr standesmäßig und finanziell mindestens gleichgestellt ist. Persönliche Werte, Liebe und praktische Möglichkeiten zählen erst nach dieser Erhöhungs-Klausel. Für den arbeits- und geldlosen Tellheim ist es seiner Einschätzung nach unmöglich eine Frau zu heiraten, auf deren Gütern und von deren Geld er leben würde. Seine Zugehörigkeit zu Oben verbietet dem Major auch, finanzielle Hilfe eines standesmäßigen niedrigeren Freundes anzunehmen. „Vernunft und Notwendigkeit" haben ihm, wie er sagt, befohlen, „Minna von Barnhelm zu vergessen".[85]

Minna hat sich vergewissert, daß er sie noch liebt und erklärt: „Ich bin eine große Liebhaberin von Vernunft, ich habe sehr

85) Lessing 1990: 37.

viel Ehrerbietung für die Notwendigkeit. – Aber lassen Sie doch hören, wie vernünftig diese Vernunft, wie notwendig diese Notwendigkeit ist."[86] Es nützt ihr nichts, „Ihre Güte foltert"[87] ihn. Schließlich wird seine hartnäckige und fast brutale Weigerung für Minna zu viel. Sie wird wütend auf die „Männer, die nur immer ihr stieres Auge auf das Gespenst der Ehre heften"[88]. Ihre Argumente gelten aber nichts, denn, meint Tellheim, „Es ist eine nichtswürdige Liebe, die kein Bedenken trägt, ihren Gegenstand der Verachtung auszusetzen. Es ist ein nichtswürdiger Mann, der sich nicht schämet, sein ganzes Glück einem Frauenzimmer zu verdanken, dessen blinde Zärtlichkeit ..."[89].

Nun beschließt Minna, die Mechanismen, die in Tellheim wirken und die er Ehre nennt, für sich arbeiten zu lassen. In gespielter Zerknirschung lügt sie dem Major vor, sie sei in Wirklichkeit vom Oheim enterbt, verstoßen, allein arm und unglücklich. Minna hat richtig kalkuliert: jetzt fühlt sich Tellheim verpflichtet, sich ihrer anzunehmen, „ihr Unglück hebt mich empor"[90], er fühlt „neue Triebfedern"[91], nimmt das vom Untergebenen angebotene Geld, will in fremde Dienste und fühlt sich „Manns genug, ihr einmal alles zu ersetzen"[92]. Er erklärt Minna: „In meinen Augen haben Sie unendlich durch diesen Verlust gewonnen."[93] Als jetzt Minna in – wieder gespielter – Entrüstung seine Hand ablehnt, benützt sie seine Argumente:

DAS FRÄULEIN [...] So soll ich, so muß ich in meinen eigenen Augen verächtlich werden? Nimmermehr! Es ist eine nichtswürdige Kreatur,

86) Lessing 1990: 38.
87) Lessing 1990: 39.
88) Lessing 1990: 87.
89) Lessing 1990: 79.
90) Lessing 1990: 84.
91) Ebda.
92) Lessing 1990: 85.
93) Lessing 1990: 86.

die sich nicht schämet, ihr ganzes Glück der blinden Zärtlichkeit eines Mannes zu verdanken!

V. TELLHEIM Falsch, grundfalsch!

DAS FRÄULEIN Wollen sie es wagen, Ihre eigene Rede in meinem Munde zu schelten?

V. TELLHEIM Sophistin! So entehrt sich das schwächere Geschlecht durch alles, was dem stärkeren nicht ansteht? So soll sich der Mann alles erlauben, was dem Weibe geziemet?[94]

Da Minna ihm gesellschaftlich und finanziell jetzt ebenbürtig ist, ist sie ihm, seiner Weltsicht entsprechend, unterlegen, weil sie Frau ist. Was einem Mann „nicht ansteht", weil es seine Ehre verletzt, „geziemet dem Weibe" durchaus. Minna hat sich kleiner gemacht, deshalb kann und muß er sie seinem Ehrenkodex nach jetzt heiraten.

Es kommt aber weder zu einer folgenschweren Auseinandersetzung noch zu einer umfassenderen Einsicht, denn der angeblich so strenge Oheim erscheint, um Tellheim als den zukünftigen Gemahl von Minna in die Arme zu schließen. So fliegt der Schwindel auf, und fast gleichzeitig erreicht Tellheim die Nachricht, daß seine Ehre wiederhergestellt ist und die konfiszierten Güter an ihn zurückgegeben werden. Unter diesen Bedingungen lassen die gesellschaftsprägenden Regeln von oben und unten ein Happy-End zu.

Obwohl das Theaterstück über 200 Jahre alt ist, verstehen wir es heute noch verblüffend gut. Standesdünkel und Soldatenehre sind zwar längst nicht mehr dasselbe wie zu Lessings Zeit, trotzdem erscheint uns Tellheims Verhalten nicht als glattweg absurd oder geisteskrank. Der Druck, den die Umwelt ausübt, wenn es darum geht, was männlich und was weiblich sei, und wer wem wann überlegen sein darf oder unterlegen sein muß, ist uns vertraut genug. *The Femininity Game*, „Das Weiblichkeits-Spiel" nennen Thomas Boslooper und Marcia Hayes ihre Untersuchung zu diesem Thema, die

94) Lessing 1990: 95.

sie 1973 veröffentlicht haben. „Die Regeln sind einfach: du gewinnst das Spiel, indem du alle anderen verlierst – Tennis, Volleyball, Schach und was auch immer ...“[95], das ist die Quintessenz, zu der die beiden kommen. Gesellschaftliche Anerkennung als feminin wird zu einer extrem wichtigen Sache hochstilisiert; nicht-feminin oder gar die Bezeichnung maskulin für eine Frau als verwerflich und verachtenswert festgelegt; so gibt *sie* sich körperlich schwächer als *er*, *sie* verdient weniger, *sie* läßt sich möglichst oft helfen und fragt möglichst oft um *seinen* Rat und so weiter: Das Konzept ist noch ziemlich gleich – wenn auch in veränderter Umgebung – wie das, mit dem Minna ihren Tellheim dazu gebracht hat, sein Eheversprechen einzuhalten.

Direkter als Lessing benennt sein englischer Zeitgenosse Oliver Goldsmith die Sache des oben und unten zwischen Mann und Frau, die zueinander in Beziehung kommen wollen. Das bis heute beliebte Stück *Irrtümer einer Nacht* heißt im Original *She Stoops to Conquer: or, the Mistakes of a Night*: „Sie erniedrigt sich, um zu erobern: oder, die Irrtümer einer Nacht“. Und die angeblich so widerspenstige Katharina lernt es auf extrem hartem Weg, daß Erniedrigung und Unterwerfung unter Petruchios Willkür notwendig sind, damit sie einen respektierten Platz in der Gesellschaft einnehmen kann.

Es sind ja nicht die Konzepte selbst, die überzeugen oder die an sich die Kraft hätten zu unterwerfen. Es sind die Menschen, die danach leben und die einander mit mehr oder weniger offensichtlichen und mit mehr oder weniger brutalen Mitteln dazu zwingen mitzutun. Bestimmte Papierscheine erhalten ihren Wert nur, weil eine große Gruppe von Menschen ihnen diesen Wert beimißt und das Ganze *Geld* nennt. Bei anderen Wertungen und Hierarchien geht es um den Platz in der

95) Boslooper und Hayes 1973; Titel und Untertitel eigene Übersetzung.

Gruppe, in der menschlichen Gesellschaft, den wir erhalten oder behalten wollen. Im Zusammenleben ergibt es sich wie selbstverständlich, daß man sich Wertzuschreibungen anschließt. Nicht immer ist es so einfach wie im Fall des Geldes. Die

> Identifikation mit so viel verschiedenen Werthierarchien und Lebensstilen, an die wir uns oft unter schwersten Skrupeln anpassen sollen, sind nicht Sache des freien Willens […], sondern der jeweiligen Kraft der Gruppen […]. Was ein Ketzer, wer ein Renegat, ein Barbar ist, das wird uns von unserer Gesellschaft, von unserem Jahrhundert vorgeschrieben.[96]

Was ein Mann und was eine Frau ist auch. „Man denke an das Konzil von Nicäa mit seiner Diskussion über die Frage, ob die Frau als voller Mensch angesehen werden dürfe".[97]

Tellheim führt uns vor Augen, welch extrem bestimmenden Einfluß die Abhängigkeit von Gruppenregeln haben kann. Er ist eher bereit, auf die geliebte Frau zu verzichten, als zu riskieren, von der Gruppe, der er sich zugehörig fühlt, verachtet und/oder ausgestoßen zu sein. Minna benützt Verstellung, um die Spielregeln[98] mit großem Erfolg für sich arbeiten zu lassen. Aufheben kann sie den vorgegebenen Mechanismus nicht.

Katharina hatte die ursprüngliche Verachtung und die Isolation innerhalb ihrer Gesellschaft anfangs noch ertragen – wenn auch mit Zorn. Was das gehässige Gerede der Männer, die Nicht-Solidarität des Vaters und die gesellschaftliche Beschränkung der Handlungsmöglichkeiten für eine junge Frau nicht geschafft haben, das schafft Petruchio mit häuslicher

96) Mitscherlich 1984: 93.
97) Ebda.
98) *Spiel* hier als gesellschaftlich vorgegebenes Set von Interaktionen, die mehr oder weniger zwanghaft vollzogen werden und zu einem meist voraussagbaren Ergebnis führen; in Anlehnung an Eric Berne 1967, *Spiele der Erwachsenen*. (Vgl. insbesondere 61ff.)

und öffentlicher Gewalttätigkeit: Katharina fügt sich in die ihr vorgezeichnete Rolle. Die Gruppe belohnt den, der die von ihr verlangte Verstümmelung der Frau erfolgreich durchgeführt hat, mit Bewunderung für seine *Männlichkeit*, wie das dann genannt wird. Um dem Zwang, der auf Katharina wirksam wird und dem sich Tellheim unbewußt unterworfen hat, wesentlich an Kraft zu nehmen, genügt es nicht, *Inhalte* von Zwängen zu bekämpfen oder einzelne Personen, die diese Zwänge gewaltsam weitergeben. Das ist im Einzelfall immer wieder wichtig, ändert aber kaum etwas Grundsätzliches. Eine wirksame Verminderung von Gewalttätigkeit und Zwang zur Unterwerfung muß der Struktur, dem Bauplan den Nährboden entziehen. Inhalte von Zwängen ändern sich manchmal langsam, manchmal erstaunlich rasch. Fortschritt im Sinn von Fortgehen von Unmenschlichkeit sind solche Änderungen fast nie. Hat der Druck der öffentlichen Meinung den Frauen in Europa vor wenigen Jahrzehnten noch vorgeschrieben, die Beine bis zu den Fußgelenken zu verhüllen, so wird heute der Mini-Rock kaum mehr diskutiert. Langes Haar, kurzes Haar, buntes Haar wurde bekämpft oder von bestimmten Gruppen vorgeschrieben, ebenso spezifische Tätigkeiten für Männer, für Frauen oder als Ausweis für eine bestimmte soziale Zugehörigkeit. Die Gefahr, nicht mehr zur je eigenen Gruppe zu gehören, erzeugt Angst.[99] Berechtigterweise. Tellheims Standeskollegen hätten den in Unehren Entlassenen vermutlich auf Dauer aus ihrer Gesellschaft ausgeschlossen, wenn er nicht rehabilitiert worden wäre. Viele Menschen, die umwälzende Pionierleistungen vollbracht haben oder sonstwie den herrschenden Regeln nicht entsprochen haben, sind geächtet, verfemt, getötet worden: Giorda-

99) Diese Angst macht partiell hörig. „Ein Dogma [A. Miller spricht von den Dogmen der PsychoanalytikerInnen] lebt von der Angst seiner Anhänger vor dem Verlust der Gruppenzugehörigkeit." Miller 1988: 80.

no Bruno starb auf dem Scheiterhaufen, Galileo Galilei wurde für ähnliche Forschungen zu unbefristetem Hausarrest verurteilt, der Arzt Ignaz Semmelweis starb im Irrenhaus, Cleopatra, eine Frau, die mindestens acht Sprachen gesprochen hat, wird als interessante Hure dargestellt, viele medizinisch informierte Frauen des Mittelalters und in der frühen Neuzeit wurden als Hexen diffamiert und getötet.

Gehen wir zu einem Beispiel aus der Literatur zurück: Warum ist das von Doktor Faust verführte und verlassene Gretchen so verzweifelt, als sie merkt, daß sie schwanger ist? Sie weiß, daß ihre Umgebung sie grausam behandeln und ächten wird; die Angst davor treibt sie in den Wahnsinn und zum Kindesmord. Obwohl ein uneheliches Kind heute nicht mehr so eine Katastrophe für Mutter und Kind ist, wie in Goethes *Faust* geschildert, verstehen wir die Angelegenheit nur allzu gut: Das Unverständnis und die individuelle oder soziale Gewalttätigkeit gegenüber nichtkonformem Verhalten ist auch heute noch groß.

Angst vor Ächtung und Ausgegrenztsein erhält massive Nahrung aus täglichen, konkreten Ereignissen. Die Zwänge und Beschränkungen von heute sind uns vertraut. Sie lassen sich nicht so deutlich sehen, wie die aus zeitlicher Distanz. Außerdem „widerstrebt es uns, daß wir neben unseren bewußten und uns einsichtigen Veranlassungen, etwas zu tun oder nicht zu tun, noch Handlungen oder Gedanken anerkennen sollen, in denen unbewußte Motive zum Zug kommen"[100]. Das bewertende Einteilen in ein Oben und Unten, der ständige unbewußte Wettkampf, verzerrt die Wahrnehmung beträchtlich. Und verleitet zu Reaktionen, die mit ursprünglichen, persönlichen Ansprüchen an das Leben oft nichts zu tun haben. Das andere, die anderen einfach anders sein zu

100) Mitscherlich 1984: 73.

lassen, ohne sie als minderwertig-verächtlich oder höherwertig-beängstigend einzustufen, ist da kaum mehr möglich. Was Mitscherlich für Deutschland sagt, gilt für das, was wir westliche Kultur oder Erste Welt nennen, wohl recht allgemein: „Erziehungspraktiken, Sozialtraditionen überhaupt, bereiten in Deutschland auf Radfahrerreaktionen, also ein situationsabhängig entweder autoritär tretendes oder unterwürfig buckelndes Verhalten, in solcher Breite vor, daß Toleranz trotz besten Willens meistens mißlingt."[101]

Solcherart genügen schon kleinste Hinweise innerhalb eines Textes, wie das Erstaunen, den anderen bei einer Tätigkeit zu finden, die „den Pöbel [...] belustige", um die antrainierte Begierde, zu denen oben zu gehören, wirksam werden zu lassen. Von Privilegien, Rechten und Besitz abgesehen wird dem Oben-Sein ein definierbarer oder undefinierbarer Wert zugeschrieben. Dieses Wertesystem ist höchst selten benannt. Es transportiert sich über Gewohnheiten und Verhalten. Und es ist zumeist gemeint, wenn von Ehre die Rede ist, oder von *man tut ..., man muß ..., es gehört sich ...* Der Inhalt von Tellheims Ehrbegriff ist ein völlig anderer als der von Gretchens *Ehre*. Auf dem *Feld der Ehre* den *Helden-T*od sterben oder als Mädchen der *Ehre* beraubt worden zu sein, sind völlig unterschiedliche Dinge; und *etwas gereicht jemandem zur Ehre* sagt nur, daß er/sie der Anerkennung innerhalb der Gruppe sicher sein kann. Die Gegenbegriffe sind *Schande, Scham* oder – heute eher üblich – *man kann doch nicht einfach ..., das tut man nicht, das geht doch nicht.*

Wörter wie *Ehre* und was sonst noch zur Familie der mehr oder weniger versteckten Wertungen gehört, transportieren keine konkreten Inhalte, sie transportieren ein Konzept, wie Menschen mit sich und anderen umgehen. Dieses Konzept

101) Ders. 1972: 130.

beinhaltet Gruppenzugehörigkeit, Gruppenzwang, Schutz durch die Gruppe, Ausgrenzung von anderen nach oben – vor denen hat man Achtung zu haben – und nach unten – diese werden zwanghaft verachtet. Wer weswegen verachtet, geachtet, eingemeindet, ausgegrenzt und/oder existentiell bedroht wird, das wird unterschiedlich festgelegt. Daß sie eine Frau ist, macht es für Katharina unehrenhaft, sich zur Wehr zu setzen; im Dritten Reich war es unehrenhaft und lebensgefährlich, bestimmten Menschen das Leben zu retten; es gab Zeiten, da war es für Soldaten unehrenhaft, leben zu wollen. Eine heutige Formulierung, die einerseits das Zwanghafte nach sportlich-spaßhaft umdeuten will, andererseits die Sehnsucht nach der Gruppe betont – wenn auch wohl für die meisten BenützerInnen nur andeutungsweise bewußt – ist das Gegensatzpaar in-sein/out-sein. Die meisten, die das Spiel „In-Sein" mitmachen, beteuern, es sei freiwillig, mache Spaß oder sei eben *nur so*. Der Testfall wäre, ob man unbeeinträchtigt eigene Bedürfnisse für sich erfüllen kann, auch wenn man damit in der eigenen Gruppe Out-Signale setzt; und ob die Gruppe einem dann als Person genausoviel Zuwendung gibt. Heute existieren so viele Gruppierungen, daß es fast nach Freiheit aussieht und nach Toleranz. Sieht man genauer hin, so ist es nur die Freiheit der Wahl, welchen Gruppenerwartungen ich mich unterwerfe, und nicht die Freiheit vom Zwang zur Gruppe und von Gruppenzwängen. Zu einer anderen Gruppe zu gehören, ist nicht so bekämpfens- und verachtenswert, wie zu keiner Gruppe zu gehören. Das ganze System der Gruppenzwänge wäre ja in Frage gestellt, wenn zum Bewußtsein käme, daß die Opfer, die man der Zwangsgemeinschaft bringt, gar nicht notwenig sind. Um diese Erkenntnis hintanzuhalten, konstruiert man für die, die sich keiner Gruppe zuordnen lassen, die Gruppe der Außenseiter. Wer zu keiner anderen Gruppe als zu den Außenseitern gehört, fühlt sich jedoch kaum als Mitglied einer Gruppe Gleichgesinnter. Was übrigens bei den *Aussteigern* anders war/ist. Bei der Bezeichnung *Einzelgänger* klingt bereits deutliche Abwertung mit, in Richtung *Sonderling* oder *Spinner.*

Den Frauen, die sich der Konformität widersetzen, gewährt der Sprachgebrauch keine Benennung. Sie sind nicht nur ausgegrenzt, sie sind totgeschwiegen.

Bei der Betrachtung der Sprache als Statthalter-Funktion für Wirklichkeit taucht hier wieder die Frage auf: Was ist mit der Wirklichkeit, die keine Sprache hat, in der sie zur Diskussion gestellt werden kann? Wirklichkeit, für die wir keine sprachlichen Statthalter haben, um sie probeweise im Innern zu erleben? Bei der Diskussion der *Eitelkeit* ist schon aufgefallen, daß es zu *Selbstkritik* und *Selbstanklage* kein wirklich positives Gegenstück gibt – das Wort *Eigenlob* hat ja einen abwertenden Beigeschmack. Wer seinen Wert selbst weiß und darüber reden kann, entzieht der Gruppe Macht über sich. Mindestens ebenso auffällig und schwerwiegend ist die große Gruppe der Wörter und Formulierungen, bei denen der männlichen das weibliche Gegenstück fehlt oder umgekehrt. Es gibt keine *Sonderlingin*, was das Wort betrifft, und eine *Spinnerin* ist nicht das männliche Pendant zu *Spinner,* obwohl es so etwas auf die Lebenstatsachen bezogen sehr wohl geben kann. Es kommt immer wieder vor, daß wir von einer Analyse männlicher und weiblicher *Studenten* lesen, ein Direktor hat manchmal einen *weiblichen Stellvertreter.* Gegengleich von einer *männlichen Studentin* oder einer *männlichen Stellvertreterin* zu reden, funktioniert nicht, und es hat wohl auch noch niemand getan. Wo es vereinzelt doch vorkommt, ist ein anderer Inhalt gemeint, nämlich eine Studentin oder Stellvertreterin, die eine Eigenschaft (oder mehrere) hat, die dem *Weibe nicht geziemet* – um in der Formulierung Anleihe bei Tellheim zu nehmen. Die Formulierungen, *es ziemt sich nicht,*

97

es schickt sich nicht, es gehört sich nicht, weisen, wenn auch undeutlich, durchaus darauf hin, daß es hier nicht um Sprache als Stellvertretung für konkret sinnlich erfahrbare Tatsachen geht, sondern um Konzepte. Heute wird tendenziell eher direkt von *unmännlich* (sich zu ängstigen, etc.) oder *unweiblich* (derb zu schimpfen, etc.) gesprochen. Solcherart werden Inhalte, die nichts mit Biologie zu tun haben, der Natur der Fortpflanzung, ihrer Gesetzmäßigkeit und Unanfechtbarkeit zugeschrieben. Auf diesem Gebiet Wechselproben zu betreiben, ist entlarvend für das, was der Biologie von Männern und Frauen zugeordnet wird. Formulierungen wie *weibliche Klarheit der Gedanken* oder *männliche Wärme des Gefühls* erzeugen sonderbare Ereignisse in der Wahrnehmung. Tatsache ist, Klarheit der Gedanken und Wärme des Gefühls sind jeweils einzelnen Personen zuzuschreiben, je nach persönlicher Begabung, Entwicklung und Ausformung; sie haben nichts mit dem Körper und seinen männlichen oder weiblichen Merkmalen und Fähigkeiten zu tun.

Kinder zur Welt zu bringen hat hingegen eindeutig mit biologisch gegebener Weiblichkeit zu tun. Hier hat sich, besonders seit dem Populär-Werden der politischen Ökonomie, ein verblüffender Sprachgebrauch durchgesetzt: Während das tausendste Auto, das vom Fließband rollt, und der millionste Ziegel, der aus der Fabrik kommt, ein *Produkt* darstellt, also etwas *Hervorgebrachtes, Erzeugtes, Geschaffenes,* hätte der je einzigartige Mensch, der geboren wird, angeblich etwas mit *Reproduktion*, also *Nachbildung* und *Vervielfältigung* zu tun. Was der Kopist mit dem Gemälde macht, ist Reproduktion, was der Fotokopierapparat mit dem Schriftstück macht ebenfalls: aber was die Frau tut, wenn sie ein Kind gebiert? Sie reproduziert weder sich selbst, noch eine Vorlage; sie gebiert ein Kind. Wie kann es zu so einer, die Frau, das Kind und den Vorgang der Geburt übergehenden Formulierung kommen?

Der Gedanke, der dahintersteht und der den Menschen als einzelnes und einzigartiges Lebewesen ausklammert, betrachtet die Bevölkerung eines Landes als ein Material, das sich irgendwie selbst reproduziert, durch die Zeit hin fortpflanzt. Es gibt in diesem Zusammenhang die *Nettoreproduktionsziffer.* Sie gibt an, wieviele lebendgeborene Mädchen eine Frau durchschnittlich zur Welt bringt. Wenn eine Frau (durchschnittlich) eine Tochter hat, bleibt die Bevölkerungszahl (von Ein- und Auswanderung abgesehen) konstant. Das ist eine Nettoproduktionsziffer von 1. Das Wort *Netto* scheint sich darauf zu beziehen, daß die Totgeburten für die Bevölkerungszahl irrelevant sind. Und die Knaben? Auch wenn man davon ausgeht, daß immer etwa gleich viele Mädchen wie Knaben geboren werden, ist die Auslassung auffällig. *Reproduktiv* sind in der Terminologie der politischen Ökonomen auch alle Tätigkeiten wie Essenkochen, Wäschewaschen und so weiter. Weder das Essen vom vergangenen Tag wird reproduziert, noch der Mensch, der es ißt, noch der Kochtopf, der gesäubert wird. Es ist wohl eher so, daß die Tätigkeiten, die biologisch oder traditionell den Frauen zufallen, mit dem weniger prestigeträchtigen Wort *Reproduktion* belegt worden sind, während die Tätigkeiten, die traditionell den Männern zugeordnet werden, *Produktion* heißen. Das hat den aufwertenden Klang von *neu, Leistung, Schaffen.*

Auch läßt sich der einzelne Mann zum einzelnen Produkt noch irgendwie erlebnismäßig in Beziehung setzen. Dem Wort *Reproduktion* werden Eindrücke wie *von selbst, mechanisch, unkreativ, ohne eigene Leistung, automatisch* und ähnliches zugeschrieben. Wer reproduziert, sei leichter auszuwechseln als jemand, der produziert. Dort wo die Bezeichnung *Reproduktion* auf die Geburt angewendet wird, verschwindet die einzelne Frau als Gebärende, Handelnde, Leidende, Leistende, Gebende so ziemlich aus dem Erlebnisfeld, das das Wort aufrufen kann. Irgendeine abstrakte Bevölkerungszahl steht im Vordergrund, die eben gleich erhalten oder sogar vergrößert wird durch reproduktive Akte. Was aber ist von Gedankengebäuden zu halten, die mit solcherart von den Tatsachen weggezerrten und wegzerrenden Begriffen versuchen, die Wirklichkeit abzubilden und daraus Entwürfe für die Zukunft abzuleiten? Wieviele Frauen haben Lust, in einer Terminologie mitzureden und in einem Fach mitzudenken, wo sie sich pauschal abzuwerten und, was ihr Geschlecht betrifft, wegzudenken haben?

Die allgemeinere Form der sprachlichen Abbildung von Wertungen sind die Begriffe *gut* und *böse* oder *schlecht*, beziehungsweise *richtig* und *falsch*. Solange nicht deutlich ist, wofür etwas gut sein soll, oder schlecht für wen oder was, solange verbirgt sich mit großer Wahrscheinlichkeit ein Konzept dahinter, das es ermöglicht, Gewalt gegen andere auszuüben mit allgemeiner Billigung. Wobei zu beachten ist, daß auf die Frage für wen oder was nicht wieder eine wertende oder unkonkrete Antwort gegeben wird. Wenn die Sprachformen den Eindruck erwecken, daß von Tatsachen gesprochen wird, so muß sich der Inhalt an Tatsachen messen lassen.
Je konkreter eine Aussage ist, desto sicherer steckt kein Anspruch auf Unterwerfung und keine Möglichkeit oder Notwendigkeit zur Verachtung einer Menschengruppe dahinter. Wenn vom Geschmack eines Tees die Rede ist, so ist die Aussage *Dieser Tee ist gut* deutlich weniger auf eine konkrete Angelegenheit bezogen als der Satz *Dieser Tee schmeckt mir*. Wer sich Zeit nimmt, beide Sätze mit der je entsprechenden Situation verbunden nachzuerleben, wird einen deutlichen Unterschied feststellen. Die erste Version enthält die Möglichkeit, im Anschluß jemanden, die/der den Tee als nicht wohlschmeckend empfindet, für nicht *dazu*-gehörig zu erklä-

ren, für dumm, in Geschmacksdingen unqualifiziert und ähnlich Abwertendes. Bei Geschmacksbefunden über Weine ist diese Urteilsart weit verbreitet: *man* trinkt einen bestimmten Wein zu einer bestimmten Speise; der Wein *muß* diese oder jene Temperatur haben und *kann* nur in bestimmten Gläsern serviert werden. Wer das nicht weiß oder nicht tut, gehört nicht zur Gruppe derer, die *wissen*, wie *man* Wein zu trinken habe. All dieser Druck ließe sich nicht erzeugen, wenn es nicht so grundsätzlich üblich wäre, Druck aufeinander auszuüben. Und wenn die Sprache nicht zu abgehoben von Tatsachen verwendet würde, dort wo es um Tatsachen geht. Die Tatsache kann immer nur sein, daß einer bestimmten Person unter bestimmten Bedingungen eine bestimmte Art Wein oder Tee zu trinken mehr zusagt als eine andere.

Es läßt sich zwar beweisen, daß die Weinsorte Papperlapapp bei der Temperatur A bestimmte Geschmacks- und Duftstoffe stärker entwickelt als bei der Temperatur B. Das besagt aber nur, daß der Wein im Fall A anders schmeckt als im Fall B. Es besagt nichts über besser oder schlechter, nichts über richtig oder falsch, ihn bei einer bestimmten Temperatur zu trinken.

Speisen- und Getränkevorschriften haben jahrtausendealte Tradition zur Gruppenfestlegung und -abgrenzung. Sie sind ein direkter Eingriff in den Körper, buchstäblich bis in die Eingeweide der einzelnen. Hygienisch-medizinische Begründungen machten einige von ihnen sachlich unanfechtbar, religiöse Herkunft verband die Verankerung im Körper mit dem Gebot einer existenztragenden Gottheit. Aber auch dort, wo heute keinerlei religiöse Begründungen gegeben werden, haften die Zwänge, die über Gaumen, Magen und Verdauung dem Körper eingeprägt worden sind, als Musterbeispiel für Zwang. Als Zwang zum Zwang. Sich selbst und anderen gegenüber. Die

Inhalte der Zwänge können verschoben, ausgetauscht werden. Je direkter sie jedoch mit Essen und Trinken zu tun haben, desto natürlicher erscheinen sie. Denn was wäre natürlicher, als daß der Mensch ißt und trinkt? Wieder verleitet das ungenaue Abbilden in der Sprache zu einem Trugschluß: Essen und Trinken ist zwar natürlich, also von der Natur vorgesehen; Inhalte, also Speisen, Getränke, Kombinationen, Temperatur, Zeitpunkt, Tempo, Menge, Handhaltung beim Zum-Mund-Führen sind nicht natürlich festgelegt, sondern willkürlich. Solche Willkür, die in ihren Ursprüngen hie und da sachliche Erwägungen eingeschlossen haben mag, nennt man Tradition, sobald sie lange genug ausgeübt worden ist. Eine bestimmte Speisenkombination als rundweg *falsch* oder *richtig,* *schlecht* oder *gut* zu bezeichnen, ist Fehletikettierung. Wer es unterläßt, Wiener Schnitzel mit Spaghetti zu essen, unterläßt das Ungewohnte, nicht das Falsche. Wer allerdings ein verdorbenes Schnitzel ißt, tut etwas Schlechtes für seine Gesundheit. Hier ist der Rahmen klar: was ist, warum und wofür, schlecht oder falsch. Für die Gesundheit gibt es sogar noch bessere Dinge zu essen als Schnitzel. Bestimmte Nahrung kann besser aufgeschlossen werden, weniger Gifte und Schlackenstoffe entstehen, Wohlbefinden und Leistungsfähigkeit sind größer. Immer vorausgesetzt, daß nicht ein Verletzen von alten Geboten oder verinnerlichten Familienpflichten zu starke Ängste hervorruft, weil *man* nicht gegessen hat, wie *man* es gelernt hat. Das ist ein schwerwiegendes Moment beim Ändern von Eßgewohnheiten. Auch wenn noch so viele vernünftige Gründe für eine Änderung sprechen, sobald tiefe, unbewußte Ängste aktiviert werden, wird das Handeln von der Psyche diktiert, nicht vom Denken.[102] Es muß jemand gar nicht mit Prügeln zum Gehorsam erzogen worden sein; die vielen Zwänge, die traditionell-willkürlichen Vorschriften, der verwirrende Unterschied zwischen einer Tatsache, die sich begreifen läßt und einer Vorschrift, die aus dem Unbegreifbaren kommt, die vielen demütigenden Lacher oder Lächler, weil das Kind nicht weiß, wie *man* etwas *zu tun hat*, tun das ihre, dem Kind die Unterwerfung als das kleinere Übel erscheinen zu lassen – wenn nicht überhaupt als die einzige Möglichkeit zu überleben. So wird das Erleben von den Tatsachen abgekoppelt. Die Erwartung, von außen gesagt zu bekommen, was man zu tun, wie man zu sein, was man zu empfinden habe, erhält den Vorrang über die eigenen Impulse. Das eigene Erleben zählt nicht. Petruchio steht – bildlich gesprochen – zwischen der Wirklichkeit und dem Befund über die Wirklichkeit und bestimmt, wie eine Sache zu sein habe.

Das *System Petruchio* funktioniert beim Essen, bei der Kleidung, bei Arbeit, Unterhaltung, Definition von Weiblichkeit oder Männlichkeit, Hochkultur, Subkultur, Wissenschaft – und immer beim Einteilen in ein Oben und Unten. Je näher die gesellschaftliche Sphäre dem/der einzelnen ist, umso schwerer ist es, die Wertungen zu sehen und die Inhalte zu erkennen, deretwegen sie andere ausschließen oder unterhalb einordnen. Je genauer das Konzept meine eigenen Prägungen wiedergibt und sich mit meinen eigenen Vorurteilen tarnt, umso eher bin ich geneigt, die Inhalte für sachlich richtig oder natürlich oder selbstverständlich zu halten; *man muß* ... oder *du mußt* ... fällt nicht mehr so leicht auf; ein *wir* umschließt *selbst*verständlich *mich*; und Unterwerfungsansprüche der Gruppe tarnen sich mit Hilfe der Psyche, die das individuelle Erleben zu fürchten gelernt hat. Persönliche Einschätzung und Wertung wird als objektiver, sachlicher Maßstab erlebt. Eines von Rainer Maria

---

102) Ausführliche Beispiele dafür, wie beim Versuch, die Essensgewohnheiten zu ändern um abzunehmen, unbewußte Emotionen oder früh erlernte Glaubenssätze in die Quere kommen, gibt Dilts 1991; vgl. insbesondere 66–76 *Demonstration: Glaubensstrategien* und 150–170 *Demonstration: Kriterien im Konflikt.*

Rilkes besonders beachteten Gedichten heißt *Archaischer Torso Apollos*. Es beginnt: „Wir kannten nicht sein unerhörtes Haupt" und endet: „Du mußt dein Leben ändern."[103]

Wer den Titel des Gedichts versteht, hat ein gewisses Maß einer bestimmten Bildung. Seit Jahrhunderten wird diese Bildung als besonders wertvoll angesehen, weil sie diejenigen, die über diese Bildung verfügen, angeblich *besser* mache und *wertvollere*, humanere Menschen aus ihnen forme. Diese Einschätzung beruht zuallererst auf einem Zirkelschluß. Die Bildung wird humanistisch genannt, und weil ich mich über humanistische Dinge mit humanistisch gebildeten Menschen besser unterhalten kann als mit nicht solcherart gebildeten Menschen, erkläre ich diese Menschen, die ähnlich gebildeten, für interessanter, feiner gebildet und *besser* als die, denen diese Inhalte nicht geläufig sind. Ob eine/r die anderen mißachtet, verletzt, belügt, betrügt oder ähnliches, ist sekundär. Die Skala oben/unten ist etabliert; du bist umso höher oben, je mehr du von dem Gebiet weißt und je genauer, wohldosierter du Hochachtung und Mißachtung auf je vorbestimmte Inhalte verteilst. Wer Rilke liest und diesen Titel versteht, ist mit großer Wahrscheinlichkeit gleichzeitig dem abendländischen Hochmut verfallen, daß er/sie dadurch ein besserer Mensch sei als viele andere, insbesondere Angehörige anderer Klassen oder Kulturen.

Spannung liefert auch die Zuordnung der Worte zueinander. *Archaisch* wird die Frühphase der klassischen griechischen Kunst genannt, *Torso* ist eine nicht vollständige – hier: beschädigte – Statue. Die beiden Begriffe schließen also ein Noch-Nicht (noch nicht auf dem Höhepunkt der Klassik) und ein Nicht-Mehr (nicht mehr das einmal gewesene Ganze) zu einer Einheit. Die Zukunft einer großen Vergangenheit klingt genauso

---

103) Rilke 1966: Bd.1, 313.

an wie die Vergangenheit einer Vollkommenheit. Dieser wehmütige Zug fort vom Hier und Jetzt zu einem lebenswerteren Leben, sei es in der Vergangenheit oder in der Zukunft, charakterisiert sowohl die humanistische Lehre wie auch die Stimmung ihrer Vertreter, besonders zu Beginn des Jahrhunderts. All das richtet die Überschrift auf *Apollo*, Ideal der strahlenden Schönheit, Vertreter von Recht, Ordnung und Frieden. In einer Überschrift von drei Begriffen gelingt es Rilke, eine Weltanschauung, ihre Selbsteinschätzung, ihre Stimmung und den wesentlichen Inhalt ihrer Bildungsvorstellungen anzusprechen. Es folgt das *Wir* als erstes Wort des Gedichtes. Die Skala oben/ unten ist bereits etabliert: Wer weiß, wie prestigeträchtig das angesprochene Wissensgut in unserer Gesellschaft ist, wird sich erlebnis- und gefühlsmäßig dem Wir eingemeinden wollen. Bei Schiller ist es das *Wir „betreten feuertrunken ..."*, nachdem die „Freude, schöner Götterfunken" zum Mittun gelockt hat, bei Brechts *Ändere die Welt ...* ist der *Rechtliche*, „dem Recht zu helfen", das Identifikationsangebot. Bei einer Gruppe, die auf einer nicht näher definierten Skala weit oben steht, ist mitzumachen. „Wir kannten nicht sein ... Haupt": wer immer sich dem *Wir* angeschlossen hat, kann sich diesem Teil der Aussage anschließen. Es ist konkret nachvollziehbar, daß einem Torso das Haupt fehlt. Was aber heißt *unerhörtes Haupt?* Obwohl ein Gedicht mehr als andere Texte die Aufmerksamkeit auf die Sprache und das einzelne Wort lenkt, hat hier *unerhört* nichts mit *hören* und nichts mit einem Wunsch oder einer Bitte zu tun, die unerhört geblieben wären. *Unerhört* ist hier ein lobendes Vokabel, wobei vorenthalten wird, nach welchen Kriterien gelobt, also gewertet wird. Ich – als Lesende/r – darf mit dem Gedicht und meiner Sprachkompetenz nicht allein bleiben. Ich darf seinen Inhalt nicht nachbauen mit meinen Kräften, ich darf die Worte nicht bei dem nehmen, was sie sagen, ich muß eine Weltanschauung fragen, was sie meinen. Es geht nicht um hören oder nicht hören, es geht um den übertragenen Sinn. *Der Bewunderung würdig* heißt dieses *unerhört*. Die Gründe für die Bewunderung werden nicht genannt, sondern als bekannt und allgemeingültig vorausgesetzt. Wenn ich mich als Lesende/r so einem Sprachgebrauch unterwerfe, gebe ich meine Autonomie – wieder einmal – auf. Hören darf ich, aber ich bin nicht mündig dieser Sprache gegenüber. Was in meinem Mund diese Worte bedeuten, sagt nichts darüber aus, was sie im Gedicht bedeuten. Was dort gemeint ist, muß ich ahnen oder anfragen. Nicht nur, weil die Werte jederzeit im nachhinein andere sein könnten, als ich diffus annehme, sondern weil ich bei jedem noch folgenden Wort nicht sicher sein kann, ob es das heißt, was ich darunter verstehe, oder das, was eine Weltanschauung – ein Petruchio – damit meint. In seltsamer Weise entsteht solcherart eine Analogie zur Überschrift, ebenso wie das Noch-Nicht der Archaik und das Nicht-Mehr des Torso eine Distanz zu einem ersehnten Zustand anzeigen, entsteht eine Distanz zum Wort und zur persönlichen Autonomie, die wohl nur mit ähnlich schmerzlicher Stimmung durchlebt wird. Bestünde eine Sicherheit in bezug auf die Wort-Tatsachen-Beziehung, würden manche Formulierungen mit Sicherheit eher komisch als geheimnis- und bedeutungsvoll wirken. Rilke spricht vom „Haupt, / darin die Augenäpfel reiften" und vom Torso, der „wie ein Kandelaber" glüht; „im leisen Drehen / der Lenden könnte nicht ein Lächeln gehen". Dieses „Lächeln" geht übrigens „zu jener Mitte, die die Zeugung trug." Außerdem „ist da keine Stelle, / die dich nicht sieht. Du mußt dein Leben ändern."

Die *Augenäpfel*: aus *Augapfel Augenapfel* zu machen, ist dichterische Freiheit. Die Aufmerksamkeit ist aber gerade dadurch auf die konkrete Wirklichkeit von Augen und von Äpfeln gerichtet. Äpfel reifen; aber Augenäpfel? Wenn Augen *reifen* können, dann wohl nur im Mutterleib, nicht im unerhörten

Haupt. Ist irgendein übertragener Sinn gemeint? Dann war es bislang so: „Wir kannten nicht" ist konkret – also den Tatsachen entsprechend –, „unerhörtes" ist im übertragenen Sinn als eine Wertung zu lesen, „Haupt" konkret, „Augenäpfel" wohl auch konkret, „reiften" übertragen.

Wodurch allerdings rückwirkend die *Augenäpfel* fragwürdig werden: Ist mit *Augenäpfel* eine Sicht auf die Welt gemeint, die dann *reifen* kann? Jedenfalls ist es unmöglich, den ersten Satz nur konkret oder nur übertragen zu lesen und zu erleben.

Zur Sprache muß auf Distanz gegangen werden. Einverständnis kann nur via Stimmung oder wegen der Gemeinsamkeit an Wertschätzung der humanistischen Bildung bestehen. Auf dieser ungenannt bleibenden Basis gerät das Gedicht zu dem Anspruch: „Du mußt dein Leben ändern."

Woher dieses „Du mußt" kommt, ist ungreifbar. Aus der verschwommenen Hinführung läßt sich zwar allerlei konstruieren, aber nichts Festlegbares, nichts konkret Verhandelbares. Es erinnert an Gottfried Benns „fernbestimmtes: Du mußt" aus dem Gedicht *Nur zwei Dinge*. Dort heißt es in der mittleren von drei Strophen:

Dir wurde erst spät bewußt,
es gibt nur eines: ertrage
– ob Sinn, ob Sucht, ob Sage –
dein fernbestimmtes: Du mußt.[104]

„Du mußt": Das heißt hier nichts anderes, als daß das Individuum der Verantwortung für sein Tun enthoben wird, jedenfalls gefühlsmäßig. Denn sachlich werden keine Gründe dafür angeführt. Weder für das *Du mußt dein Leben ändern* bei Rilke, noch für das „fernbestimmte" *Du mußt* bei Benn.

Das Unausgesprochene ist nicht immer unaussprechbar. In beiden Fällen – „ob Sinn, ob Sucht, ob Sage" und „dein Leben

104) Benn 1984: 19.

ändern" – zielt das *Müssen* auf ein Handeln, konkret hier und jetzt. Also auf eine sinnliche, erfahrbare Wirklichkeit. So muß der Zwang, der angesprochen ist, entweder einen konkreten Inhalt zum Ziel haben, oder es ist ein Zwang zum Zwang: Du mußt, egal was; es muß ein Müssen sein, ungeachtet persönlicher Wünsche und Bedürfnisse. Autonomie ist nicht erwünscht, nicht g*ehörig*. Was bei Speisengesetzen, Kleidungsvorschriften und anderen Gruppenzwängen wirksam wird, ist hier allgemeiner ausgedrückt. Und spricht an – seiner Vertrautheit wegen. Zur Rechtfertigung wird dabei gerne auf andere *Ebenen* verwiesen: auf Metaphysik, Poesie oder ähnliches. Sprachfiguren, die über das konkret Sinnliche und die naturwissenschaftlich begreifbaren Tatsachen korrekt hinausverweisen wollen, deklarieren sich jedoch deutlich. Sie können sich, so das von den Sprechenden beabsichtigt ist, deutlich vom Anspruch auf Unterwerfung unterscheiden.

Machtanspruch wird tendenziell verschleiert. Zum Teil, weil ihn die Sprechenden/Schreibenden gar nicht bemerken, zum Teil, weil es kontraproduktiv ist, den Anspruch auf Unterwerfung zu benennen. Zur Unterwerfung wird verführt, verleitet, gelockt, gedrängt, Aufwertung wird in Aussicht gestellt, Kommunikation und Erleichterung von persönlicher Verantwortung. Das Konzept ist in unserer Kultur allgegenwärtig: Weil ständig irgendjemand danach handelt, weil die Texte es mitbringen und weil von Geburt an das Gefühl unserer Identität darauf trainiert ist.[105]

Es genügt also ein Satz wie „in M... traf ich Herrn C.", um in dieses Energien fesselnde Spiel hineinzugeraten.

---

105) „Selbstverantwortung – so ein Blech für diese Schuld-Sühne-Bastarde!": Diesen Satz Benns zitiert Jürgen Schröder in seiner Analyse des Benn-Gedichtes und spricht in diesem Zusammenhang auch von „Immanente[r] Geschichtsfeindlichkeit" und „Derealisierung von Macht". Schröder 1984: 26.

DARÜBERHINAUS: POESIE, METAPHYSIK, TRANSZENDENZ

Wirklichkeit findet nur in je einzigartigen Ereignissen statt. Abstraktion und Logik verlangen immer ein gewisses Maß an Absehen von der Wirklichkeit. Wenn Sprache Poesie vermitteln soll oder auf Inhalte von Transzendenz und Metaphysik verweist, kann die Statthalter-Funktion von Sprache auf grundlegende Art nicht ausreichen, da ja ein Darüberhinaus, etwas, was über die physikalische, materielle und mit den Sinnen wahrnehmbare Wirklichkeit hinausreicht, besprochen wird. Was diese Inhalte sind, das läßt sich in Sprache nicht unzweideutig abbilden, es läßt sich nur darauf verweisen. Inhaltliche Möglichkeiten gibt es viele. Sie sind abhängig von individuellen Sinngebungen für das Leben, von subjektiven Wertmaßstäben, Weltbildern und Ideologien. Weder eine Beschreibung noch eine Diskussion solcher Sichtweisen ist hier möglich. Es soll aber die Rolle skizziert werden, welche die Sprache beim Vermitteln nicht physisch konkreter Inhalte spielen kann.

Der Grenzfall ist die Poesie. Sie versucht in den meisten Fällen durch bestimmte Strategien und Formen die Bereiche des sinnlich Wahrnehmbaren via Sprache zu erweitern oder Ahnungen von einem Darüberhinaus zu vermitteln. Unzählige Versuche sind gemacht worden, Poesie genau zu definieren. Die literaturwissenschaftlichen Versuche, das Poetische ebenso wie das Lyrische eindeutig zu bestimmen oder auch nur allgemeingültige Übereinkünfte darüber zu treffen, was denn der Inhalt jeweils sei, sind nicht geglückt. Wenn ich hier auf Poesie verweise, so verstehe ich sie als eine Qualität, die in Texten, aber auch in Ereignissen manchmal zu finden ist, und die zum Auslöser werden kann; zum Auslöser dafür, daß Farben, Gerüche, Formen, Töne, Begegnungen in viel mehr

Einzelheiten – also dichter – erlebt werden können als zuvor; die Wirklichkeit wird gegenständlicher, sinnlicher, wirklicher empfunden und Ahnungen werden geweckt, daß viel mehr möglich ist, sei es innerhalb der materiellen Wirklichkeit, sei es darüberhinaus. Noch mehr als andere Sprache ist die poetische Sprache von der individuellen Disponiertheit der Rezipierenden stärker bestimmt als aus sich selbst. Sie – die poetische Sprache – verwendet Wörter und Wendungen, die einen klaren Bezug zur konkreten Wirklichkeit und sehr oft zusätzlich einen eindeutigen Bezug zu einer Wirklichkeit haben, die in Sprache nicht abbildbar ist; weil die Stellvertreter-Funktion von Sprache nicht funktionieren kann, wenn das, was abgebildet werden soll, stark abhängig von individueller Einschätzung und rein persönlicher Erfahrung ist. Einen *Tisch* haben alle Menschen der westlichen Kulturen als äußeres Objekt erlebt. Sie haben äußerlich vergleichbare Verwirklichungen der Tatsache *Tisch* gesehen. Was aber beispielsweise *Liebe* als erotische Hinwendung zu einem Menschen sei, ist in anderer, grundsätzlicherer Art von dem abhängig, was der/die einzelne erlebt hat oder erträumt. Dazu – und als Beispiel von Poesie – der Beginn eines Gedichtes von Else Lasker-Schüler. Es kann nur ein sehr kurzer Hinweis zu einem weiten Themenkreis sein:

EIN ALTER TIBETTEPPICH

Deine Seele, die die meine liebet,
Ist verwirkt mit ihr im Teppichtibet.

Strahl in Strahl, verliebte Farbe,
Sterne, die sich himmellang umwarben.[106]

Metaphysik stellt von vorneherein den Anspruch, daß ihr Interesse über die Natur, griechisch *physis*, hinausgeht. Ob man

106) Lasker-Schüler 1962: 50.

das Praxisverweigerung[107] oder Lebensabwehr[108] nennt oder diesem Tun einen anderen Sinn beimißt, wird individuell und von Fall zu Fall verschieden sein. Die Sache wie auch die Sprache, in der sie abgehandelt wird, braucht nicht an konkreter Wirklichkeit gemessen zu werden.

Transzendenz (vom lateinischen *transzendere*: übersteigen, hinübersteigen) beschäftigt sich mit dem, was die Grenzen des sinnlich Erkennbaren übersteigt. Wenn die Absicht klar ersichtlich ist und im Laufe eines in sich geschlossenen Textes beibehalten wird, so ist die Angelegenheit und ihr Verhältnis zur Sprache unproblematisch. Sprache wird da zum Finger, der auf den Mond weist und sagt: „Das ist der Mond." Niemand käme auf die Idee zu argumentieren, das seien doch Haut, Nerven, Knochen und Fleisch, denn der Finger weist über sich hinaus. Sprache hat hier nicht Statthalter-Funktion für Konkretes, sondern Verweis-Funktion auf ein Darüberhinaus. Das verwendete Sprachmaterial ist in beiden Fällen dasselbe. Ein Vermischen der Funktionen ist daher aus den Worten und der Syntax nicht ablesbar. Ablesbar ist jedoch der Anspruch, der gestellt wird. Gültigkeit darf immer nur auf dem Gebiet beansprucht werden, auf dem man sich bewegt. Wer sich die Welt deutet, von oder mit Gottheiten spricht oder mystisch verzückt eine innere Welt offenbart, verwendet die Verweis-Funktion von Spra-

---

107) So schreibt Rupert Lay (Lay 1986: 74): „Zwar gibt es Versuche, auf dem von *Kant* grundgelegten Fundament wieder eine Metaphysik zu errichten, doch sind sie alle, wegen erheblicher idealistischer Einschlüsse, ohne praktische Bedeutung. Sie dispensieren sich in der Suche nach „überzeitlichen Wahrheiten" von so wichtigen Fragen, wie sie etwa mit der konkreten Sozialität oder der konkreten Weltlichkeit oder der konkreten Geschichtlichkeit der Menschen und ihrer Gesellschaften gegeben sind [...]. Der große Nachteil der Metaphysik war ihr weitgehender Mangel an Praxisinteresse."
108) Alice Miller berichtet von einigen Philosophinnen, die ihr schrieben, „wie sie die Philosophie von der Wahrheit abgehalten hatte." (Miller 1988: 238)

che. Er/sie hat den unermeßlichen Freiraum der eigenen inneren Sicht. Die je einzigartige Existenz und ihre Reaktionen auf Welt und Menschen können zum Ausdruck kommen.

Wer aus dem inneren Erleben und aus inneren Gewißheiten über Gottheit, Schicksal und Sinn Schlüsse für den eigenen, konkreten Alltag zieht und dabei niemandem anderen schadet, hat jedes Recht, so zu handeln. Sobald aber konkret von konkreten Dingen gesprochen und der Inhalt überprüfbar wird, muß der Statthalter-Funktion von Sprache Genüge getan werden, sonst entsteht – im wahrsten Sinn des Wortes: heillose – Verwirrung. Wer mit dem Verweis auf die Transzendenz andere unterwerfen will, stellt Machtansprüche. Das ist irdisch konkret und daher eine unzulässige Vermischung – sprachlich wie auch sachlich. Eine jahrhundertelange Tradition des Vermischens dieser Bereiche in unserer Kultur hat sehr viel Schaden angerichtet und verzerrt nach wie vor die Wahrnehmung vieler Menschen. Wie und in welche Richtung, soll an zwei Beispielen gezeigt werden: *Die Frühlingsfeyer* von Friedrich Gottlieb Klopstock und *12. September 1938. Der Führer spricht …* von Bruno Brendel.

Die Hymne Friedrich Gottlieb Klopstocks beginnt:

DIE FRÜHLINGSFEYER

Nicht in den Ozean der Welten alle
Will ich mich stürzen! schweben nicht,
Wo die ersten Erschaffnen, die Jubelchöre der Söhne des Lichts,
Anbeten, tief anbeten! und in Entzückung vergehen.[109]

Selbst wer den Autor nicht kennt und bei der Überschrift noch an eine konkrete Feier *im* Frühling denken konnte, bekommt spätestens mit *Ozean der Welten alle, Erschaffnen, Söhne des Lichts* und nicht zuletzt durch das wiederholte *anbeten* klare

109) Klopstock 1980: 59 (zweite Fassung von 1771).

Signale, daß sich die Sprache in ihrer Verweis-Funktion bewegt und der Inhalt Religiöses beziehungsweise Transzendentes meint. Ein Einsteigen, aber auch ein klares Nicht-Einsteigen ist bei diesem Text möglich. Niemand wird irregeführt und wartet vergeblich auf ein anderes als das gegebene Kommunikationsangebot. Die Weltkenntnis der Lesenden kann und braucht nicht zum Prüfen des Inhalts herangezogen werden, solange ein *Ich* sich hymnisch äußert. Der Text ist aus einem religiösen Empfinden gesprochen, das für sich einsteht. Selbst wenn im weiteren eine christliche Gesinnung deutlich wird, so stellen weder Worte noch Sprechhaltung vorerst einen Allgemeingültigkeitsanspruch oder einen Anspruch auf Unterwerfung unter ein Herrschaftssystem. Die historisch-weltanschauliche Einordnung *Christentum* bringt, unabhängig davon, den ihr eigenen Assoziationsraum mit. Je nach persönlicher Einstellung werden die Reaktionen darauf von Begeisterung bis Empörung und Ablehnung reichen. Das Sprachgebilde selbst variiert den Wunsch und den Versuch zu preisen. Die Haltung zur sichtbaren Natur – „Mit tiefer Ehrfurcht schau ich die Schöpfung an"[110] – wird zum Lob der unsichtbaren Kraft, die all das in Bewegung gebracht hat und bewegt.

Solange die hymnische Feier ein *Du* anspricht, ist die Verweis-Funktion der Sprache klar eingehalten. Wo von Dingen gesprochen wird, ist ihnen nirgends Gewalt angetan; sie sind mit nichts befrachtet, was nicht zu ihnen gehören würde. Im Gegenteil. Ob vom Sternbild des Orion gesprochen wird oder vom „Frühlingswürmchen, / Das grünlichgolden neben mir spielt"[111], den Gebilden wird ihre sinnlich klar erfaßbare Eigenart nicht nur belassen, sondern genau diese ihre konkrete Existenz wird deutlich gemacht.

110) Klopstock 1980: 63.
111) Klopstock 1980: 61.

In einigen Punkten weicht die Hymne jedoch von diesen eindeutigen Zuordnungen – hier: konkret, hier: darüberhinaus –
ab. Da wird es problematisch; was nicht so leicht auffällt, weil
diese Art von verschwommener Zuordnung eine lange Tradition hat. Ab Strophe zehn verwendet Klopstock den Begriff
Herr. Dieser macht eine klare Trennung von hier – konkrete
Welt – und einem Darüberhinaus – Weltanschauung – unmöglich. Der Begriff *Herr* läßt sich nicht trennen von Vorstellungen
eines Machtsystems, von Herrschern und Beherrschten. Er
ist eine, wenn auch im Gedicht unbenutzte, offene Tür für irdische Machtansprüche.
Strophe 25 zeigt die Vermischung von Statthalter-Funktion
und Verweis-Funktion der Sprache noch deutlicher. Klopstock hat von einem aufziehenden Gewitter gesprochen.
Donner und Blitz sind für ihn „Zeugen des Nahen"[112]. Der
Blitz schlägt ein und „der geschmetterte Wald dampft"[113].
Dieser Zeile folgt:

> Aber nicht unsre Hütte!
> Unser Vater gebot
> Seinem Verderber,
> Vor unsrer Hütte vorüberzugehn![114]

Durch das Wort *unsre* ist indirekt ein *wir* eingeführt. Wie so oft
in der Literatur und im täglichen Sprachgebrauch wird nicht
gesagt, wen allen dieses *wir* umschließt; unter welchen Bedingungen gehört wer dazu. Es gab in der vierten Strophe schon
den Ausdruck „unsre Sonne" – das einzige Mal ein Hinweis
auf ein *wir* bis zur obengenannten Strophe. Wenn von der
Sonne die Rede ist, so verträgt es sich mit den Tatsachen, daß
alle erreichbaren, denkbaren und tatsächlichen Menschen

112) Klopstock 1980: 65.
113) Klopstock 1980: 67
114) Ebda.

mithineingenommen werden und von *unsrer* Sonne die Rede ist. Wo aber werden wir hineingenommen, wenn von „unsre[r] Hütte" die Rede ist, und mit welchem Recht? Wen umfaßt dieses *wir*? Die ganze Menschheit kann es nicht sein. Es wäre unrealistisch zu behaupten, der Blitz schlüge nie in Hütten ein. Hätte Klopstock geschrieben *meine Hütte* und festgestellt, daß der Blitz dort nicht eingeschlagen hat, so wäre das als Tatsache vorstellbar. Vorstellbar ist auch ein Mensch, dessen Gottvertrauen so tief ist, daß er sich in materiellen Angelegenheiten umfassend beschützt sieht. Aber von allen Menschen läßt sich das sicher nicht sagen. Es ließe sich einwenden, daß, wie der *Ozean der Welten alle* vom Beginn der Hymne, auch die Hütte, die der Blitz verschont, insgesamt ein Bild für eine Phantasie- oder Glaubensvorstellung ist, das nicht irdisch konkret denkbar sein will; Sprache in ihrer Verweis-Funktion also. Wo aber wäre die Grenze? Bis wohin wäre in diesem Text Sprache als Statthalter für Wirklichkeit gültig, und ab wo wäre sie Verweis auf ein Darüberhinaus? *Orion* und *Frühlingswürmchen* sind eindeutig konkret-materiell-dinglich-sachlich gemeint. Das heraufziehende Gewitter ist ebenfalls irdisch und konkret. Kein Signal deutet darauf hin, daß die *Hütte* plötzlich Verweis auf ein Darüberhinaus sein solle; und *wir* beinhaltet allemal Menschen in ihrer konkreten Existenz; dann müßte *Hütte* ebenfalls konkret sein; das geht aber nicht, weil der Blitz, der dann auch konkret sein muß, ja eben doch auch manchmal in Hütten einschlagen kann... Wir, die Lesenden, finden uns beim erlebenden Nachvollzug wieder in einem Escherschen Bild: Jeder einzelne Schritt für sich genommen scheint logisch und erlebnismäßig einwandfrei; im ganzen gesehen aber stimmt etwas nicht. Weder läßt sich eindeutig ein konkreter Inhalt zuordnen, noch ist der gegebene Gehalt für die Verweis-Sprache stimmig; zusätzlich gibt es ein ungeklärtes *wir*, für das auch noch ein gemeinsamer *Vater* existieren soll ...

115

Aus unklaren Verallgemeinerungen und unklaren Zuordnungen entsteht ein unklarer Anspruch. Das ist ein Jolly-Joker der Kommunikation. Anders ausgedrückt: eine Falle. Wenn ich mich hineinbegebe, kann wieder im nachhinein ein/e andere/r definieren, worauf ich mich da eingelassen habe. Der angebotene Sprachgebrauch verlangt, daß ich meine Kompetenz abgebe. Was gemeint ist, ist zwar für mich als Lesende/r gültig, jedoch nicht genau ausmachbar.

Es geht mir selbstverständlich nicht darum, Klopstock etwas zu unterstellen oder seine Absichten mißzuverstehen. Der Rang, den seine Hymnen, und speziell *Die Frühlingsfeyer* haben, sowohl was die Literaturgeschichte betrifft wie auch die sprachliche Einmaligkeit, ist unbestritten. Unabhängig davon sagen die Worte etwas. Bestimmte Worte und bestimmte Strukturen haben bestimmte Wirkmöglichkeiten auf den Wahrnehmungsapparat, also innerhalb eines reagierenden Menschen. Und die funktionieren unabhängig von jedweden Absichten des Verfassers/der Verfasserin. Von der Tradition her ist es vertraut, daß in einem vage alles umfassenden *wir* ein gemeinsamer *Vater* angesprochen wird. Als Phänomen der Sprache und der Wahrnehmung ist das problematisch.

Welcher Aspekt von *Vater* ist so allgemeingültig, daß er auf uns alle – alle denkbaren und tatsächlichen Menschen – angewendet werden und darüberhinaus auf etwas Umfassenderes verweisen kann? Um die Fragestellung zu verdeutlichen, zuerst ein anderes Beispiel: So wie uns allen die Tatsache gemeinsam ist, daß wir von der Sonne abhängig sind, so ist uns allen die Tatsache gemeinsam, daß wir von einer Mutter geboren sind. Der Bedeutungsausdehnung von *Mutter* auf *Mutter Erde* oder auf die Muttergottheiten älterer oder anderer Kulturen liegt eine klare Tatsache zugrunde: das Hervorbringen beim Gebären und das Nähren, zuerst im Mutterleib, meist auch nachher. Wo Muttergottheiten verehrt werden oder wurden, ist dieser Aspekt des Hervorbringens verallgemeinert und wird verehrt und/oder gefürchtet. Dasselbe gilt in nicht ganz so umfassender Art, wenn von *Mutter Erde* die Rede ist. Welche konkrete allgemeingültige Tatsache könnte dem Bild einer Vatergottheit zugrundeliegen? Der Zeugungsakt. Der kann es aus christlicher Sicht nicht sein, sonst wäre Gott als Vater nicht das Ursprüngliche schlechthin, sondern nur die Hälfte des Ursprünglichen. Alle anderen möglichen Funktionen eines Vaters sind individuell gelebte und erlebte Wirklichkeit. Was allgemein dem Gott-Vater zugeschrieben wird, ist in der konkreten Wirklichkeit Illusion. Wer hätte in den letzten Jahrhunderten in unserer Kultur oder wo auch immer erleben können, daß der Vater immer anwesend, immer zur Verfügung, immer bejahend, liebevoll, hegend, schützend etc. gewesen wäre?

Schon weil die ständige Anwesenheit wohl nur in den seltensten Fällen Tatsache war – die anderen Inhalte verlangen ohnehin Übermenschliches – ist dieses Vaterbild die Projektion eines Wunschbildes, keine Realität. Selbst wer das Bild *archetypisch* nennt, sagt damit nur, daß es konkret nicht vorkommen kann. Interessant ist auch, daß die Sprache zwar zu *Mutter* ein *Bemuttern* kennt, zu *Vormund* etwa ein Bevormunden, also jeweils ein Tätigkeitswort, zu *Vater* aber kein *Bevatern*. Wenn ein Wort zu fehlen scheint, so ist die Frage, ob da ein Wirklichkeitsanteil verschwiegen wird, oder ob es keine entsprechende Wirklichkeit gibt – in diesem Fall die Tätigkeit zu dem konstruierten Wort *Bevatern*. Die Antwort wird je nach persönlicher Biographie unterschiedlich ausfallen; Basis für ein allgemeingültiges *unser Vater* können diese Tatsachen nicht liefern. Um es zusammenzufassen: Konkretes kann in Klopstocks Hymne nicht gemeint sein mit *unsre Hütte* und *unser Vater*. Da diesen Begriffen aber nichts Konkretes zugrundeliegt, können sie nicht metaphorisch oder sonstwie auf etwas verweisen. So wird sich jede/r einzelne an den eigenen Wünschen und Illusionen orientieren, sobald dem *unser Vater* etwas zuzuordnen ist.

Alle Sehnsucht nach einer unendlichen Geborgenheit, nach einem Übergeben der Verantwortung an eine höhere, unfehlbare Instanz, alles unerfüllt gebliebene Bevatert-Werden, kann in dieser Bezeichnung untergebracht werden. Ohne – und das ist die Gefahr dabei –, daß deutlich bleibt, daß so etwas in einer irdischen Person nicht erfüllbar sein kann. So wird die irdische Realität *Vater* und *Herr* für das Erleben mit religiösem Anspruch, Hingabe und Grenzenlosigkeit verbunden. Die anderen Bezeichnungen, die Klopstock verwendet, um auf eine Gottheit zu verweisen, sind *Naher, Namenloser, Schaffender* und *Ewiger.* Die ersten drei haben eine genau ausmachbare konkrete Bedeutung und können von daher als Verweis funktionieren; *Ewiger* bezeichnet von sich aus schon ein Konzept, das von einem Inhalt jenseits des sinnlich Erfahrbaren redet. Eine Koppelung an eine irdische Realität würde diesen Bezeichnungen in ihrer Verweis-Funktion jede Ernsthaftigkeit nehmen: *unser Naher* oder *unser Namenloser* ist für Klopstocks Zwecke nicht zu gebrauchen. Durchaus vorstellbar wäre eine Kombination *du namenloser Schaffender, du ewig Naher* und ähnliches. Hingegen zeigt *Ewiger, namenloser Vater* den Bruch an, der da im Sprachgebrauch passiert. Würde Jesus, der nach christlicher Vorstellung durch seine physische Existenz den Menschen Bruder geworden ist, *ewiger Bruder* genannt, fiele die Unvereinbarkeit noch stärker auf: konkrete Aussagen (Statthalter-Funktion) und Transzendentes (Verweis-Funktion) lassen sich, so eng nebeneinandergestellt, nicht verwenden. Es ist, als würden zwei Fernsehkanäle ihre Programme gleichzeitig auf einem Bildschirm präsentieren wollen: Chaos entsteht und die Wahrnehmung geht auf Distanz. Diese Distanz zum eigenen

Erleben und damit zu den Tatsachen wird dann oft irrtümlicherweise als *religiös* etikettiert und akzeptiert. Wünsche, Sehnsüchte, Tatsachen verschwimmen zu einer Stimmung, die die Beweiskraft der Natur – *Vater* – für sich in Anspruch nimmt, um einen vermuteten Inhalt für einen gesagten oder einen gesagten Inhalt für einen erwiesenen auszugeben. Ein kontinuierliches Sich-selbst-Erleben ist so nicht möglich. Eine verbindliche Kommunikation ebenfalls nicht. Der Wirklichkeitssinn wird also durch diese Art von Sprachgebrauch getrübt.

Außerdem werden Sprachelemente an eine hymnisch-anbetende Haltung gekoppelt, die sich von konkreten Personen für einen politischen Machtanspruch benützen läßt. Zahlreiche Gebete und Gedichte schulen geradezu im Absehen von einem verbindlichen Sprachgebrauch. Stellvertretend für viele sei hier das Ende von Eduard Mörikes Gedicht *Zum Neuen Jahr* zitiert:

> Du, Vater, du, rate!
> Lenke du und wende!
> Herr, dir in die Hände
> Sei Anfang und Ende,
> Sei alles gelegt![115]

„Du, Vater ..., lenke ...!": Die zu solchen Sprachteilen antrainierte Haltung prägt seit fast zwei Jahrtausenden das christliche Abendland. Auf jede Anrede an den eigenen, physischen Vater wirkt diese kulturelle Prägung mehr oder weniger stark mit. Sie baut ihrerseits an einem Vater-(selbst)-Verständnis, das viel mit Lenken und Gebieten zu tun hat. In der Machtausübung durch Kaiser, Könige, Generäle und Politiker hat die Tradition der Vermischung von Transzendentem und Irdischem großräumig tragische Folgen gehabt. Wer trainiert ist,

---

115) Mörike 1976: Bd. I, 117.

von einem verbindlichen Sprachgebrauch abzusehen, wer real Prüfbares nicht von religiösen Inhalten zu trennen weiß, ist leicht verführbar. Wo noch zusätzlich die Religionen und jede spirituelle Betätigung unterdrückt sind, sucht sich das entsprechende Bedürfnis der Menschen erst recht irdische Objekte, denen unbefriedigend und dafür umso fanatischer gehuldigt wird.

Das Sonett von Bruno Brendel, *12. September 1938. Der Führer spricht ...* beginnt:

> Als seine Stimme durch den Äther schwang,
> geschah's, daß unsre Herzen stille standen
> und daß um uns die grauen Schatten schwanden
> und daß ein Engel auf uns niedersprang[116]

Am 12. September 1938 war der „Parteitag Großdeutschlands" in Nürnberg zu Ende. Das Gedicht Brendels, der Sudetendeutscher war, meint die Abschlußrede Hitlers, in der dieser davon spricht, daß „die Sudetendeutschen nicht mehr wehrlos seien und daß ihnen das Reich unter allen Umständen beistehen werde, wenn es sein muß, auch mit Waffengewalt."[117]

Die genaue Angabe des Datums in der Überschrift erzeugt die Aura des Konkreten. Die Bezeichnung *Führer* für Adolf Hitler stellt bereits die – damals gewohnte – Weiche zu einem Sprachgebrauch, der aus einem konkreten Menschen eine Projektionsfläche für Vatersehnsüchte, Wünsche nach Geborgenheit und dem Abgeben von Verantwortung machte. In der ersten Zeile ist geschickt die Nicht-Festlegung auf Konkretes beziehungsweise Transzendentes gewahrt. Der Äther als Ausdruck für Luft wird insbesondere im Fall von Radioübertragungen verwendet, und eine Stimme erzeugt Schwingungen.

---

116) Brendel 1987: 33.
117) Zitiert nach Kleindel 1978: 362.

Gleichzeitig führt die Formulierung *durch den Äther schwang* in den Sprachgebrauch des nicht Irdischen. „... daß unsre Herzen stille standen", bezeichnet wiederum einerseits eine erfahrbare Tatsache, nämlich, daß bei besonderen Erlebnissen kurzfristig der Herzschlag aussetzt, es unterstellt aber auch, daß diese Tatsache *uns* allen geschah. Erstens bedeutet das eine Wertung, für die keine Maßstäbe angegeben sind, zweitens arbeitet das mit einem undefinierten *wir*, und drittens bringt es den Anspruch des Unausweichlichen mit sich. Spätestens die Summe aller dieser Signale müßte jede/n, der/die an verbindlicher Kommunikation interessiert ist, dazu bewegen, die Lektüre bestenfalls aus historischer Neugierde fortzusetzen; jedenfalls aber Stimmung und Erleben als Projektionsergebnis zu erkennen. In einer gesprochenen Kommunikation kann man den Versuch machen, das Gegenüber zur Stellungnahme zu zwingen. Bei einem geschriebenen Text ist das nicht möglich. Wenn man den Inhalt in einer klaren Tatsachen-Sprache wiederholt, merkt man noch einmal, wie viel Haltung des Anbetens, von unten nach oben, vom kleinen Kind zum Vater, vom Parteimitglied zum *Führer*, da bereits mitgeliefert worden ist: Konkret ist in den ersten beiden Zeilen nur gesagt, daß eine nicht näher bestimmte Menge von Personen durch eine Stimme im Radio beeindruckt war.

In der dritten Zeile überwiegt das Metaphorische und zieht den Anfang dadurch rückwirkend noch deutlicher weg vom Konkreten. Durch eine Stimme können keine Schatten schwinden. Wenn das so formuliert ist, dann wird der Stimme ein Lichtwert zugeordnet; *wir* befanden uns also im *Schatten*; und das Ganze holt aus dem Bereich des Religiösen alles, was die Leute an Unterwürfigkeit einem *Herrn* oder *Vater* gegenüber gelernt haben. Der *Engel* der vierten Zeile besiegelt endgültig die heillose Vermischung von Konkretem und Transzendentem. Die vier Zeilen führen so weit weg von einem bewußten Sprachgebrauch, daß das Verb *niedersprang* als unpassend nicht so leicht auffällt. Ein *niederspringender Engel*, noch dazu einer, der angeblich auf Menschen niederspringt, ist nicht einmal in einer uns gewohnten religiösen Bildsprache vorhanden.

Solche Überlegungen sowie konkretes Erleben und Reagieren auf den Text ist nur in Brüchen möglich: durch das Anerkennen der Brüche im Text und durch das ständige Brechen einer Verbindung mit dem Text und der suggestiv vorgegebenen Haltung. Innerhalb eines so gestörten Sprachgebrauchs läßt sich seine Fehlerhaftigkeit nicht darlegen.

Das Sonett intensiviert in der Folge die religiöse Haltung: Altäre, Heilige, Gebete, jubelnde Fanfare, Leid und Rettung werden angesprochen. Die Menschen dieser Sprachgemeinde regredieren so weit, daß sie am Schluß „neu Geborene" sind, die „weinten":

> und über unsern Schmerz die ausgespannten
> und starken Flügel hielt und daß der Klang,
> der aus des Führers heißer Seele drang,
> Altäre schuf, auf denen wir entbrannten
>
> wie Heilige, in denen wunderbare,
> inbrünstige Gebete sich vereinten.
> und als zu unsern Füßen all die Jahre,
>
> in denen wir vor Leid zu sterben meinten,
> erstanden, fand die jubelnde Fanfare
> der Rettung neu Geborene, die weinten.[118]

Einem konkreten, tagespolitischen Ereignis wird in diesem Sonett eine Sphäre zugeordnet, die keine Diskussion verträgt. Wo religiöses Entzücken und Mystik den ihr gemäßen Ausdruck als subjektives Erleben hat, dort ist tatsächlich keine Diskussion angebracht oder möglich. Solange Mystik und

---

118) Brendel 1987: 33.

Religiosität nicht von Machtansprüchen deutlich unterschieden, sondern Inhalte sowie Ausdrucksweisen vermischt werden, solange können politische Machthaber den Spieß umdrehen. Grundsätzlich fördert *jedes* Trennen von Sprache und Erleben die Unmündigkeit. „Unser Vater gebot / Seinem Verderber, / Vor unsrer Hütte vorüberzugehn!" ist eine genauso unzulässige Vermischung von Sprachmerkmalen wie „Als seine Stimme durch den Äther schwang [...]". Die Sprache kann da nur mehr abgehoben vom Wort wahrgenommen werden. So werden alle Menschen Brüder, wir umarmen den Schlächter, und wundern uns, warum eine begehrte Stimmung oder das Gefühl der Wärme uns plötzlich bei Ereignissen landen läßt, die wir nicht wollten.

Richtiger Sprachgebrauch wird nicht von heute auf morgen die Welt davon befreien, daß Menschen inhuman handeln und an andere Unterwerfungsansprüche stellen. Aber sprachliche Genauigkeit kann eine wesentliche Hilfe sein. Wo eine Bezeichnung für ähnliche aber unterschiedliche Inhalte gebraucht wird, müssen um der Klarheit willen mehr Worte gemacht werden, sonst entzieht sich der Inhalt einer verbindlichen, handlungswirksamen Absprache. So bezeichnet *Macht* einerseits schlicht *die Fähigkeit, etwas zu tun*, andererseits aber sehr oft *die Möglichkeit, eigene Pläne trotz Schadens für Dritte durchzusetzen*; und noch einmal etwas anderes ist es, über andere bestimmen zu wollen, weil das eigene (verletzte) Lebensgefühl das für selbstverständlich und zwingend hält. In vielen Mischungsverhältnissen kann Macht *über, für* und/oder *gegen* jemanden oder etwas zur Auswirkung kommen. Eine diesen Begriff ausschöpfende Behandlung des Themas *Macht* ist in diesem Rahmen nicht möglich; es kann nur ein Hinweis sein, daß es gerade bei zentralen Begriffen wichtig ist, unterschiedliche Inhalte für dasselbe Wort zu benennen. Ungenauigkeit entsteht umgekehrt auch dann leicht, wenn ein und derselbe Teilaspekt zu zwei verschiedenen Ganzen gehört. Bei Machtansprüchen ist es nicht nur Tradition, sie mit Aspekten von Transzendenz zu vermischen, Transzendenz und Inhumanität haben tatsächlich etwas gemeinsam: das Menschlich-Selbstverständliche ist für sie nicht erster handlungsgebietender Maßstab; Transzendenz verweist darüber hinaus, Inhumanität geht darüber hinweg zugunsten von Macht, Geld, Gier oder ähnlichem.

Der Unterschied ist so wesentlich, daß weder die beiden Inhalte, noch die Haltungen dazu, noch die Sprachelemente, die sie bezeichnen, vermischt werden dürfen, wenn man Klarheit über Ereignisse haben will. Hymnisches Sprechen ist in bezug auf konkrete Politik grundsätzlich fehl am Platz.

IRONIE: MORD AN DER KOMMUNIKATION

Im Versuch, Machtansprüche zu enttarnen oder unschädlich zu machen, wird immer wieder Ironie eingesetzt. Sie ist ein problematisches Mittel. Sie trennt das Wort von den Tatsachen und das Erleben vom Wort. Sie ist auch etwas anderes als Humor, für den manche sie ansehen wollen. Ironisch Gesagtes meint eines sicher nicht: das, was es sagt. Falls die Ironie eine Verständigungsmöglichkeit übrig läßt, so ist es wieder ein Verständigen über Signale, die zumeist jenseits der Worte sind. Der Zweck des ironischen Sprechens liegt nicht darin, von einer inneren oder äußeren Wirklichkeit ein sprachliches Abbild zu geben, auf Grund dessen Mitteilung, Planung, Teilnahme oder Schlußfolgerungen möglich sind. Ein verschwommenes Sich-Distanzieren wird zum Ausdruck gebracht. Der ironisch Sprechende sagt, was er nicht meint: Das ist so ziemlich das einzig Sichere für die Lesenden oder Hörenden – vorausgesetzt, sie haben dem Text oder außertextlichen Signalen entnommen, daß es sich hier nicht um Sprache in ihrer spezifischen Funktion handelt, sondern um verbale Versatzstücke im Ablauf einer Ironie-Realisation.

Ob es in Situationen, wo von den Tatsachen offen zu sprechen lebensgefährlich ist, sinnvoll sein kann, Ironie zu verwenden, muß wohl im Einzelfall geprüft werden. Ein ironisch distanziertes Lob, gerichtet an eine terroristische Regierung, wird gefährlich, wenn die wahre Kritik nachweisbar ist. Ist sie nicht offensichtlich, dann kann das ironische – also umgekehrt gemeinte – Lob von den Machthabern als Beweis der Zustimmung zitiert werden. Jene/r, der/die sich mittels Ironie distanzieren wollte, steht nun, durch die Worte festgelegt, als ausdrückliche/r BefürworterIn da.

Warum verwenden Menschen, die nicht politisch oder sonstwie bedroht sind, Ironie beim Sprechen? Was tut der/die ironisch Sprechende? Im Distanzieren, das bei Ironie zum Ausdruck kommt, tauchen alle bekannten Zutaten eines Machtspieles auf. Ironisch Sprechende legen sich nicht genau fest, wovon sie sich distanzieren; sie behalten sich genaue Deutungen vor – für später oder nie. Ginge es um eine eindeutige Distanzierung von einem konkreten Inhalt, so bräuchte es keine Ironie.

Zum Wesen der Ironie gehört das Nicht-Eindeutige. IronikerInnen geben nichts preis, für das sie haftbar gemacht werden könnten, weder als BefürworterIn noch als GegnerIn: Lob ist vermutlich Tadel, aber vielleicht doch auch nicht ganz; Tadel ist eigentlich Lob, das ist aber nicht ausgesprochen. Bei ironischer Zustimmung kann man sich weder auf Zustimmung noch auf Widerspruch berufen, und so weiter. Der Sprechakt ist destruktiv: Er zerstört den Zusammenhang Wort–Tatsache; er beansprucht Zeit und Aufmerksamkeit der Zuhörenden unter dem Vorwand, etwas zu sagen, die Aussage ist aber den Worten nicht zu entnehmen; er stellt Ansprüche, gibt aber nichts her; er stellt die Skala oben/unten in den Raum und ordnet sich oben ein. Ironisch Sprechende setzen voraus, daß, wer nicht mit ihnen gemeinsame Sache des ironischen Distanzierens mache, dumm oder verachtenswert sei. Sie erheben sich a priori über eine Gruppe anderer Menschen, nämlich über die, die das Gesagte wörtlich nehmen oder wörtlich meinen könnten. Ironie stellt also in den Raum, daß es Erhabenere und Mindere gibt, und daß es sinnvoll sei, sich zu den ersteren zu zählen und die Zeit mit verachtendem Herabblicken auf die anderen zu verbringen. Psychisch gesehen bedient die Ironie daher wieder zwei angelernte Bedürfnisse: das Bedürfnis, sich überlegen zu fühlen, und das Bedürfnis, andere zu verachten. Trotz der Zerstörung des Wortsinns bleibt ein Miteinander möglich: im gegenseitigen Bestärken des Überlegenheitsanspruchs und im Verachten anderer.

Aus der Sicht der IronikerInnen gibt es drei mögliche Reaktionsweisen auf ihr Sprechen: entweder die anderen tun mit und bestätigen so die Richtigkeit der ausgeübten Verachtung; oder die anderen merken die Ironie nicht, was sie als unterlegen ausweist; oder jemand distanziert sich insgesamt, dann wird ihm/ihr unterstellt, er/sie würde dasselbe tun wie die IronikerInnen, nämlich verachten. Das stellt eine Vorgabe dar, die einen ziemlichen Druck ausübt, mitzutun, auch wenn die Beweggründe oft nicht ins Bewußtsein dringen. Nur wer die implizierte Verachtung und/oder Unterstellung der IronikerInnen erträgt und wer sehen kann, daß der Verachtungsanspruch einer persönlichen, meist verdrängten, Verletztheit des anderen entspringt,[119] kann sich gelassenen Sinns und unbeschadet aus so einer Pseudo-Kommunikation zurückziehen. Wer die Gruppenunterstützung der IronikerInnen braucht oder zu brauchen glaubt, muß mitspielen; das heißt, er/sie muß unter dem Vorwand, Kommunikation zu betreiben, Verachtungs- und Überlegenheitsansprüche stellen. Der fragwürdige Gewinn besteht auch hier wieder in der Akzeptanz durch eine bestimmte Gruppe. Der Schaden ist vielfältig: Durch einen zweckentfremdeten Gebrauch von Sprache ist Sprache nur mehr der abgehackte Apfelbaum, nicht mehr der lebende Organismus; nur mehr Laub, Zweige und Holz zu einer ganz anderen Verwertung als das, was im lebenden Kontakt zwischen Erde und Licht Früchte getragen hätte. Man kann sich den essentiellen Unterschied nicht deutlich genug vor Augen und Gedanken führen: Sprechen, wo Kommunikation beabsichtigt ist, heißt ein inneres Erleben oder ein Stück Wirklichkeit möglichst mitteilbar in Worten abzubilden. Wo dieser Bezug fehlt, hat die Sprache keine Wurzeln und keine Früchte. Es werden zwar Sprechwerkzeuge benützt oder

119) Vgl. *Über die Verachtung*, Miller 1979: 109–179.

Buchstaben, es werden Vokabeln nach korrekten syntaktischen Gesetzen korrekt zusammengestellt und geformt, verhandelbare Wirklichkeit wird nicht abgebildet. Dadurch, daß die Verbindungen Worte-Wirklichkeit und Worte-Erleben grundsätzlich gelockert werden, ist auch eine jederzeitige Rückkehr zu verbindlichem Sprechen nicht so ohne weiteres möglich. Ähnlich wie jemand, der sehr oft angelogen worden ist, kann auch jemand, der selbst lügt, nicht leicht vertrauen: Wer die Sprache nicht als Organ der Wirklichkeit benützt und erlebt, wird sie nicht jederzeit zu Verfügung haben, wenn sie als solches notwendig wäre.

Ironie, sagt Kierkegaard in Weiterführung eines Satzes von Hegel, ist

> *die unendliche absolute Negativität.* Sie ist *Negativität,* denn sie tut nichts als verneinen; sie ist *unendlich,* denn sie verneint nicht diese oder jene Erscheinung; sie ist *absolut,* denn dasjenige, kraft dessen sie verneint, ist ein Höheres, das jedoch nicht ist.[120]

Für Menschen, die sich distanzieren und das Ironie-Spiel benützen wollen, ergibt sich ein Schein-Vorteil aus genau dem, was sie verneinen. Sie bleiben Nutznießer dessen, was sie verächtlich aufrufen. Das funktioniert nach demselben Prinzip wie die Wahrnehmung zu dem Satz: „Woran denken Sie, wenn ich sage, Sie sollen nicht an eine blaue Giraffe denken?" Alles, was die ironisch sprechende Person verächtlich macht, zitiert sie dennoch auf eine seltsam abgelöste Weise ins Gedächtnis oder sogar ins Erleben, aber sie lebt es nicht. Eine Szene aus Brechts *Dreigroschenoper* soll das verdeutlichen.

In der *Dreigroschenoper* heiratet Mackie Messer die Tochter des Bettlerkönigs Peachum. Mackie bereitet seiner Polly ein denkbar unehrenhaftes Pseudo-Hochzeitsfest inmitten von Kriminellen, mit gestohlenem Inventar und Diebsgut als Ge

---

120) Kierkegaard 1984: 266.

schenken. Verständlich, daß da Gefühle, Freude an Geborgenheit und Liebe oder gar Erhabenheit und konstruktive Lebenspläne keinen Platz haben. Dennoch besteht das Bedürfnis, auch andere Möglichkeiten des Menschseins als Kampf und Besitz zu Wort kommen zu lassen. Nach zahlreichen Zoten, kriegsverherrlichender Nostalgie und aggressiven Witzen gehen die Besucher. Mac und Polly sind allein.

> MAC Und jetzt muß das Gefühl auf seine Rechnung kommen. Der Mensch wird ja sonst zum Berufstier. Setz dich, Polly!
> Musik.
> MAC Siehst du den Mond über Soho?
> POLLY Ich sehe ihn, Lieber. Fühlst du mein Herz schlagen, Geliebter?
> MAC Ich fühle es, Geliebte.
> POLLY Wo du hingehst, da will auch ich hingehen.
> MAC Und wo du bleibst, da will auch ich sein.

> BEIDE
> Und gibt's auch kein Schriftstück vom Standesamt
> Und keine Blume auf dem Altar
> Und weiß ich auch nicht, woher dein Brautkleid stammt
> Und ist keine Myrte im Haar –
> Der Teller, von welchem du issest dein Brot
> Schau ihn nicht lang an, wirf ihn fort!
> Die Liebe dauert oder dauert nicht
> An dem oder jenem Ort.[121]

Die Szene stellt vieles, aber sicher keine Hochzeit dar.
Die Theatermittel erlauben an sich eine Distanzierung von außerhalb des Theaters gültigen Zusammenhängen. Hier werden bestimmte Zusammenhänge zusätzlich als kaputt oder gar nicht existent vorgeführt. Die Szene ist durch ihre Einbettung und Sprache deutlich ein Verächtlichmachen von bestimmten Gefühlen und Gebräuchen, und von Menschen, die sich damit verbunden erleben. Wenn Mac Gefühl aufruft, weil es „auf seine Rechnung kommen muß", so spricht er ihm von vornherein das ab, was seine Echtheit und Wichtigkeit aus-

121) Brecht 1977: Bd. 2, 422.

macht: daß es ständiger, integraler Bestandteil des Erlebens, des Lebens und der Persönlichkeit ist. Abgespalten gelebt und erlebt als etwas, das einen begrenzten, eingeplanten Zeitraum in Anspruch nimmt, ist es Anzeichen für Neurose und Verstümmelung. Im nachhinein erhält die Distanzierung solcherart sogar sekundär ihre Berechtigung, und eine Spirale der Verwirrung und Verzerrung ist in Gang gesetzt. Und trotzdem profitieren Mac und Polly von den Gefühlen, die sie verächtlich machen. Das Ansprechen von Naturverbundenheit und Lebenskonzept bringt auch dann etwas, wenn man im Tun davon distanziert ist. *Siehst du den Mond über Soho?*, *Wo du hingehst, da will auch ich hingehen*: Inhalte, die über das Käufliche und Brutale hinausgehen, werden wenigstens ironisch gebrochen reflektiert. Sie stehen dadurch sozusagen aus zweiter Hand zur Verfügung. Das Zitat einer – möglichen – Verbundenheit mit dem Erleben einer Mondnacht läßt größere Weite ahnen, als Macs und Pollys Alltag; existenzverbindendes Miteinander-leben-Wollen wird als Wortbild in den Raum gestellt. Inhalte werden aufgerufen, in gewisser Weise dissoziiert genossen und in Abrede gestellt gleichzeitig. In ironischer Distanz – also ohne entsprechendes Tun von Körper und Emotionen – werden Bedürfnisse verbal bedient und damit von einer wirklichen Befriedigung tendenziell entfernt. Ein Hunger, den man nicht anzuerkennen braucht, wird verbal – ironisch – gestillt. Von *Gefühl* kann die Rede sein, von *Lieber* und *Geliebter*, von der Solidarität des Miteinandergehens und Beieinanderbleibens. Diese Bilder verpflichten zu nichts, da sie vom Leib gehalten werden. Wegen der impliziten Verachtung ist eine Erfüllung der Sehnsucht, emotionell lebendig zu sein oder nähere als ironisch distanzierte Beziehungen zueinander zu haben, entrückter, als wenn gar nicht davon gesprochen worden wäre. Emotionen, die ein so integraler Teil des Menschen sind, daß sie nicht einmal in der zynisch berech-

nenden Welt eines Mackie Messer ganz ignoriert werden können, werden pseudo-befriedigt – was die Wahrnehmung trübt. Der oberflächliche Gewinn des grellen ironischen Herbeizitierens kaschiert einen großen Verlust.[122]
Der Effekt für die betroffenen Figuren innerhalb des Stückes und der Effekt fürs Publikum sind ähnlich. Das Publikum bekommt Worte, Taten und Emotionen in gebrochenen, beliebig neu zusammensetzbaren Ereignissen geboten. Emotionen gelten als kurioses Phantom, wobei die Wucht, mit der sie Menschen bewegen und zu Taten bringen können, geleugnet wird. Sprache wird beliebig; die Worte können bedeuten, was sie sagen, oder auch nicht. Die eigenen Gefühle, Gedanken und Urteile gelten nicht als Maßstab, aber sie können jeglichen Inhalten willkürlich zugeordnet werden; der Autor wird als Petruchio herangezogen, um zu sagen, was denn mit dem allen gemeint sei.
Gibt es sprachlich-formale Kriterien, an denen Ironie eindeutig erkennbar ist? Es liegt im Wesen der Ironie, daß nichts eindeutig ist an ihr. In der gesprochenen Rede ist Ironie manchmal nur am Tonfall der Sprechenden zu erkennen, oder überhaupt nur an dem Bruch zwischen dem, was die Person in ihrem Leben im allgemeinen vertritt und dem speziellen Inhalt der Rede. Manches empfinden die Zuhörenden als ironisch, was von Sprechenden gar nicht so gemeint war. Geschriebenen Texten anzumerken, in welcher Haltung sie verfaßt wurden, kann noch schwieriger sein als bei gesprochenen. Folgendes Gedicht von Karl Kraus wurde 137 Personen vorgelegt mit der Frage:
Ist dieses Gedicht Ihrer Einschätzung nach
– ehrlich gemeinte Bewunderung
– oder ironisch gemeint, also Hohn?
32 % der Befragten kreuzten an *ehrlich gemeinte Bewunde-*

---

122) Siehe auch *Das Problem der Ironie*, Rockenbauer 1985: 208–210.

rung; 68 % der Befragten kreuzten an *ironisch gemeint, also Hohn*. (Die Prozentzahlen, gerundet, sind hochgerechnet auf eine je gleich große Anzahl von Probanden, die – Gruppe A – männlich waren und denen das Gedicht mit Nennung des Autors vorgelegt wurde, – Gruppe B – weiblich waren und denen das Gedicht mit Nennung des Autors vorgelegt wurde, – Gruppe C – männlich bzw. – Gruppe D – weiblich waren und das Gedicht ohne Namensnennung des Autors vorgelegt bekamen. – Die Befragten waren überwiegend Studierende aus geisteswissenschaftlichen Fächern an der Universität Wien.)

ZUM EWIGEN FRIEDEN

„Bei dem traurigen Anblick nicht sowohl der Übel, die das menschliche Geschlecht aus Naturursachen drücken, als vielmehr derjenigen, welche die Menschen sich untereinander selbst antun, erheitert sich doch das Gemüt durch die Aussicht, es könne künftig besser werden; und zwar mit uneigennützigem Wohlwollen, wenn wir längst im Grabe sein und die Früchte, die wir zum Teil selbst gesät haben, nicht einernten werden."

Nie las ein Blick, von Tränen übermannt,
ein Wort wie dieses von Immanuel Kant.

Bei Gott, kein Trost des Himmels übertrifft
die heilige Hoffnung dieser Grabesschrift.

Dies Grab ist ein erhabener Verzicht:
„Mir wird es finster, und es werde Licht!"

Für alles Werden, das am Menschsein krankt,
stirbt der Unsterbliche. Er glaubt und dankt.

Ihm hellt den Abschied von dem dunklen Tag,
daß dir noch einst die Sonne scheinen mag.

Durchs Höllentor des Heute und Hienieden
vertrauend träumt er hin zum ewigen Frieden.

Er sagt es, und die Welt ist wieder wahr,
und Gottes Herz erschließt sich mit „und zwar".

Urkundlich wird es; nimmt der Glaube teil,
so widerfährt euch das verheißne Heil.

O rettet aus dem Unheil euch zum Geist,
der euch aus euch die guten Wege weist!

Welch eine Menschheit! Welch ein hehrer Hirt!
Weh dem, den der Entsager nicht beirrt!

Weh, wenn im deutschen Wahn die Welt verschlief
das letzte deutsche Wunder, das sie rief!

Bis an die Sterne reichte einst ein Zwerg.
Sein irdisch Reich war nur ein Königsberg.

Doch über jedes Königs Burg und Wahn
schritt eines Weltalls treuer Untertan.

Sein Wort gebietet über Schwert und Macht,
und seine Bürgschaft löst aus Schuld und Nacht.

Und seines Herzens heiliger Morgenröte
Blutschande weicht: daß Mensch den Menschen töte.

Im Weltbrand bleibt das Wort ihr eingebrannt:
Zum ewigen Frieden von Immanuel Kant![123]

Woher kommt es, daß dieses Sprachgebilde das, was es meinen mag, so mißverständlich sagt? Falls es ironisch gemeint
ist, haben es 32 % mißverstanden; falls es ehrlich gemeintes
Lob ist, waren es 68 %, die den Text anders einschätzten.
Schon in der ersten Zeile des Gedichts gibt es Brüche, die
der Sprache ablesbar sind, sogenannte Katachresen, Bildbrüche: *ein Blick, von Tränen übermannt* ist nicht so recht
vorstellbar. Der Sprachgebrauch stimmt nicht mit den bekannten Formen überein. Ein Mensch mag von Gefühlen
übermannt sein; das entspräche noch annähernd einem –
fragwürdigen – Sprachgebrauch. Es meint, *von Gefühlen*

---

123) Kraus 1968–1976 Bd.7, Nr. 474–483: 159f. Das dem Gedicht vorange-
stellte Zitat s. Kant 1967: 82.

überwältigt. Der Mensch ist so stark von Gefühlen bewegt, daß ihm im Augenblick nicht möglich ist, sich anderen Inhalten oder Ausdrucksformen zu widmen. Das ist ein Zustand, der allen Institutionen, die Macht ausüben wollen und die daher den Menschen verfügbar haben wollen, nicht genehm ist. In Momenten starker Emotionalität sind Menschen weder zugänglich für vernünftige Einwände zu ihrem Tun, noch sonstwie unterwerfbar. Von zahlreichen Machthabern wird und wurde daher versucht, Emotionen individueller Art zu diskreditieren, Emotionen als gelenktes Massenphänomen aber zu fördern. Und wenn es schon ein Phänomen gibt, das zumindest fallweise in seiner Wucht wirkungsvoll andere Autoritäten außer Kraft setzt, dann muß es *übermannen; überfrauen* wäre als Vokabel in einem Patriarchat in so einem Zusammenhang nicht vorstellbar.

In der ersten Gedichtzeile ist also der *Blick* als von Tränen überwältigt bezeichnet. Als Erfahrung und als Sprachgebrauch vertraut wäre ein *Blick von Tränen getrübt* oder *von Tränen umflort*. Wir haben daher eine Formulierung, die sowohl mit dem Sprachüblichen bricht als auch mit dem persönlich Erfahrbaren.

Zusätzlich verlangt die erste Zeile, daß wir uns diesen tränengetrübten Blick vorstellen, und dabei noch annehmen, daß der betreffende Mensch *liest*. Oft wird das nicht vorkommen. Einen persönlich addressierten Brief mag man trotz Tränen in den Augen vielleicht noch weiterlesen, Kant und ähnliches wohl kaum. So bekommt rückwirkend das am Beginn stehende *Nie* eine Bestätigung, die komisch wirken kann.

Wer allerdings etwa folgendes deutend liest: *Nie las ein* Mensch, ohne zu Tränen gerührt zu sein, *ein Wort wie dieses von Immanuel Kant*; die/der wird die Sache als ernsthaftes Lob auffassen. Grundsätzliche Entscheidungen für ein Textverständnis fallen meist sehr rasch und sehr früh. Wer sich für *ehr-*

lich gemeinte Bewunderung entschieden hat, wird unter dieser Prämisse weiterlesen; wer die Brüche als Ironie gedeutet hat und Hohn herausliest, erhält eine Menge bestätigender Indizien. Ausgerechnet einer *Grabesschrift Hoffnung* zuzuschreiben, ist eine Sache, die im Erleben kaum nachvollziehbar ist; daß sich *Gottes Herz erschließt* durch ein Argument mit *und zwar*; daß eine Sache, die mit Hoffnung und Glaube zu tun hat, *urkundlich wird*; daß die Bezeichnung *Zwerg* in einem Lob Platz hat – auch wenn dieser Zwerg *bis an die Sterne reichte* (was wieder ein Bildbruch ist): All das ist nicht dazu angetan, ein Urteil, daß es sich hier um Ironie handle, in Zweifel zu ziehen.

Es gibt Texte, in denen Zusammenhänge außer Kraft gesetzt werden, und es wird dadurch eine bessere, vielgestaltigere und beglückendere Begegnung mit Wirklichkeit möglich. Und es gibt Texte, in denen Zusammenhänge außer Kraft gesetzt werden, durch die der einzelne Mensch in seiner Autonomie geschmälert wird. Der/die Lesende darf nicht die eigene Kompetenz und Wahrnehmung als Basis für ein Urteil nehmen, sondern muß auf außertextliche Anhaltspunkte oder Führung warten. Nicht der *Text* – also die Sprache – sagt, was gemeint ist, sondern die situative Einbettung, die Kenntnis über den Autor, die Lehrmeinung oder Willkür. Solcherart wird die Funktion der Sprache, Statthalter für Wirklichkeit zu sein, außer Kraft gesetzt.

Was das Gedicht *Zum ewigen Frieden* betrifft, so ist die Absicht des Autors aus der Sprache nicht ablesbar. Bildbrüche, Formulierungen und einzelne Vokabel zwingen, auf Distanz zum eigenen Erleben und zur eigenen Kompetenz zu gehen. Die naheliegendste Interpretation für diese Distanz ist das Annehmen von Ironie. Karl Kraus allerdings „bewunderte und verehrte Kant"[124]. Ebenso gibt die situative Einbettung der

124) Kohn 1966: 219. Siehe auch Weigel 1968: 192ff.

Erscheinung des Gedichtes Hinweise darauf, daß das Gedicht als tatsächliches Lob gedacht – aber nicht formuliert – war: Es erschien im Mai 1918, nach beinahe vier Jahren furchtbaren Krieges, in der *Fackel*. Insbesondere der Beitrag „Ein Kantianer und Kant"[125] macht die Haltung von Karl Kraus zu Kant deutlich. Wer das Gedicht heute ohne die anderen Texte liest, legt die Sprache oder das Image des Autors auf die Waagschale. Als Sprachgebilde trägt dieses Gedicht nicht den gemeinten Inhalt. Das Image des Autors tut ein übriges, in der Sache eine ironische Brechung zu vermuten.[126]

So wie bei Karl Kraus gibt es auch bei dem als Zyniker und Ironiker bekannten Heinrich Heine viele Textstellen, die nicht festlegbar sind: Hat Heine die Stelle ernst oder ironisch gemeint?[127] Ironie foppt die Teilnehmenden einer Kommunikationssituation. Man ist gut beraten damit, nicht auf das zu bauen, was ein Ironiker sagt.

Es ist unmöglich, den Plan für den Bau eines Hauses ironisch zu beschreiben. Bei Ironie ist die Sprache ihrem Inhalt nicht verbunden, weder erlebnismäßig noch tatsächlich. Was immer die Absicht des/der ironisch Sprechenden ist: Absichten allein genügen nicht. Wo die Verbindung zwischen Wort-Tatsachen-Erleben nachhaltig gestört ist, können keine handlungswirksamen Vereinbarungen getroffen werden; weder mit sich selbst, noch zum Bau eines Hauses, noch innerhalb einer Gruppe.

Ein ironischer Sprechakt ist nie Stellvertretung für eine Wirklichkeit. Weder für eine gegenwärtige noch für eine vergangene oder zukünftige. Die Gewinne eines ernst gemeinten Wirk-

---

125) Kraus 1968–1976: 165f.
126) Auf den Befragungsblättern, auf denen der Autor nicht genannt war, schätzten 46% der Männer und 76% der Frauen das Gedicht als ironisch gemeint ein; auf den Blättern mit Angabe des Autors stiegen die Prozentzahlen auf 62% (bei den Männern) und 84% (bei den Frauen).

lichkeitsentwurfes können nicht eintreten. Weder für eine einzelne Person noch für eine Gruppe. Ironisch sprechende

127) Auch Walter Hinck gerät in *Ironie im Zeitgedicht Heines – Rezeptionsprobleme* (Hinck 1978: 9–36) mehrmals zum Punkt der Unentscheidbarkeit dieser Frage, obwohl er in der terminologischen Voraussetzung seiner Untersuchung diese Möglichkeit ausschließt, wenn er schreibt: „Was aber für Ironie überhaupt gilt, daß das ironische Verhüllen und Verbergen als Verstellung durchschaubar bleiben muß, ist ganz unabdingbar für politische Lyrik." (1978: 12) Eine *Verstellung* ist immer mit der Absicht zu täuschen verbunden (ob sie Erfolg hat oder nicht, läßt sich nur in größerem Zusammenhang entscheiden); wenn von vorneherein die Forderung besteht, daß sie „als Verstellung durchschaubar bleiben muß" dann ist das ein Widerspruch in sich. Genaugenommen sagt die Forderung, daß bei „Ironie überhaupt" alles klar zu sein habe. – Dieselben einander ausschließenden Inhalte (Ironie + Eindeutigkeit der Aussage) liegen folgender Bemerkung über politische Lyrik zugrunde: „[Sie ist in besonderem Maße] angelegt auf Kommunikation. Politische Lyrik hat [...] ihrem Öffentlichkeitsanspruch durch Verständlichkeit gerecht zu werden. [...] Deshalb muß Ironie in politischer Lyrik ihren Schlüssel mitliefern." (13) „Ironie, die „ihren Schlüssel mitliefert" gibt es nicht. Es gibt Ironie; und es gibt kodierte Aussagen, die sich entschlüsseln lassen. Daß Ironie keinen *Schlüssel mitliefert* diagnostiziert Hinck selbst, wenn er z.B. in einem Fall vom „Ausweichen vor der klaren Parteinahme" (27) Heines spricht oder befindet: „Durchaus möglich ist es, daß die Ironie [...] gegen den Willen des Sprechers im Redevorgang auftaucht" (17), was dann eben „ungewollte Ironie" (18) sei (bringt diese dann wohl ungewollt *einen Schlüssel mit*?) – Bei der Deutung des Gedichtes *Doktrin* spricht Hinck davon, daß „die Sprache am Schluß in eine Gegenläufigkeit zur Intention des Sprechers [gerät]. Der Autor selbst tappt in die Falle seines ironischen Stils." (20) Letzteres ließe sich jedoch „nicht mit absoluter Sicherheit sagen" (20), denn vielleicht wollte Heine „einen leisen ironischen Vorbehalt einschmuggeln" (20); der *„unfreiwillig* ironische Charakter" sei „wahrscheinlich" (20). Diese mögliche Relativierung einer Relativierung faßt Hinck dann folgendermaßen zusammen – und widerlegt damit, daß dieses Gedicht die Forderung nach Durchschaubarkeit erfüllt: „[Es ergibt sich] aus dieser gegenläufigen Ironie ein einschränkendes Moment, das nicht – wie bewußte Ironie – die vorhergehenden Aussagen aufhebt, wohl aber in ihrer Bündigkeit relativiert." (21) In der Folge könne auch noch „die Ironie selbst ihr [der Relativierung] anheimfallen." (21) – Bei so viel konstatierter Relativierung müßte man zugeben, daß nur mehr von Deutung, nicht von Aussage die Rede sein kann. Und eben das ist eine wesentliche Unterscheidung: Sagt der Text etwas Bestimmtes, oder schließe ich – den Text deutend – auf eine vermutete Aussage.

Menschen leisten einen Beitrag zur Unverbindlichkeit. Diese Unverbindlichkeit suggeriert Verachtung.[128] In so einem Klima gedeiht Gewalt. Nur der exakte Umgang mit Sprache und ein Einfordern ihrer Verbindlichkeit kann dem entgegenwirken.

128) *Polemik*, die in der Geisteshaltung nicht weit von Ironie entfernt ist, verwendet Verachtung direkt und explizit als Kampfmittel; sie versucht, den/die GegnerIn als Person abzuwerten, zu diskreditieren und zu beschämen. Zur Sache selbst wird dabei kaum etwas oder gar nichts gesagt. Da Polemik nicht mit Hilfe von Argumenten kämpft, kann man ihr nicht mit Argumenten wirksam begegnen. Sie kann, wie die Ironie, nur diagnostiziert und in ihrer Unsachlichkeit abgelehnt werden, will man in einer Sachfrage weiterkommen. Polemik wird meist dann als Kampfmittel eingesetzt, wenn jemand das eigene Prestige sehr hoch einschätzt, keine Argumente zur Sache mehr hat, oder wenn die Gegner grundsätzlich und systematisch herabgewürdigt werden, wie zum Beispiel unter der Herrschaft der Nationalsozialisten. (Dazu, insbes. zur Sprache der Nationalsozialisten und zur Sprache Jörg Haiders vgl. Scharsach 1992: 208ff.)

LOGIK: HILFE ODER HYPNOTISCHER LEBENSENTZUG

Um verzerrte Wahrnehmung zu korrigieren oder Verwirrspiele in der Kommunikation zu enttarnen, kann Logik ein brauchbares Mittel sein. Aber nicht alles, was zu Recht oder zu Unrecht beansprucht, logisch zu sein, stimmt. Logik hat dann recht, wenn sie richtig angewendet wird, und vorausgesetzt, das Anwendungsgebiet ist ein geschlossenes System. Das Leben ist ein offenes System: Neues wird geboren, wächst heran, stirbt; Zusammenhänge ändern sich. Wer bei Lebendigem von einem Zustand spricht, als gäbe es da etwas Feststehendes, benützt eine Abstraktion, etwas künstlich Festgemachtes. Zwei und zwei ist in wenigen Stunden nur eins, wenn von Rosenknospen die Rede war, und seither drei Rosen zu blühen begonnen haben. In der Reduktion auf physikalische Gesetze ist das anders. Und da ein großer Teil unserer Erlebnisse im Alltag von Technik bestimmt ist, tut unsere Wahrnehmung gut daran, vieles als zwangsläufig einzustufen. Eine Glühbirne ist entweder an einen Stromkreis angeschlossen oder nicht angeschlossen, ein Elektroherd ist entweder eingeschaltet – was bestimmte Folgen hat – oder nicht eingeschaltet. Aus sich selbst heraus, wie bei Blumenknospen, ändert sich so ein Zustand in absehbarer Zeit nicht. Bestimmte Einwirkungen von außen haben bestimmte Folgen. Unsachgerechte Behandlung ebenfalls. Diese Zwangsläufigkeit hat der Logik, und in der Folge der Mathematik und Technik, einen Ruf und Prestigewert verschafft, der etwas Gebieterisches hat. Allein: Nach Regeln logischer Verknüpfung Gedachtes führt nicht zwingend zu einem sinnvollen Ergebnis. Die Vorbedingungen für das Anwenden von Logik müssen erfüllt sein. Logik braucht ein begrenztes Gebiet und klar definierte Begriffe. *Definieren* kommt vom lateinischen *definire* und heißt abgrenzen, begrifflich bestimmen. Sind die Inhalte und damit die Grenzen der Begriffe bestimmt, so darf nach feststehenden Regeln damit gearbeitet werden. Die Ergebnisse sind dann in bezug auf die gegebenen Normen richtig. Solche Vorgangsweisen haben in wissenschaftlichen und technischen Bereichen zu beeindruckenden Ergebnissen geführt. Wo es sich aber um wachsende, sich selbst verändernde und erneuernde Strukturen handelt, bei lebenden Wesen, Organismen und Gesellschaften kann ein zu großes Fixiertsein auf Logik dazu führen, daß man blind wird für umfassendere Möglichkeiten. Das logische – also das auf ein bestimmtes Gebiet und bestimmte Regeln beschränkte – Denken setzt immer ein Mehr an Denken voraus, das die Sinnhaftigkeit des logischen Denkens für das abgegrenzte Gebiet bestätigen kann. Auf dieses Mehr, auf diese umfassendere Wirklichkeit darf nicht zugunsten eines beschränkten Denkens verzichtet werden, so hoch der Prestigewert von Logik auch immer sein mag. Noch viel weniger darf man sich vom Nimbus der Logik einschränken lassen, wo formale Elemente bloß an Logik erinnern. Wo nicht ein Gesetz der Logik, sondern der/die SprecherIn Gehorsam einfordert. Ein solches sprachlich-formales Element ist das Entweder-oder. Für viele transportiert es eine Ausschließlichkeit: zwei Möglichkeiten gibt es zum Thema, sonst nichts. Diese Ausschließlichkeit, aus der Logik, Technik und Mathematik wohlbekannt, besteht aber für viele Entweder-oder-Entscheidungen nicht. Der Satz der Logik, daß – „tertium non datur" – eine dritte Möglichkeit nicht existiert, besagt: entweder A oder nicht A. Er besagt nicht: entweder A oder ein Gegenstück – im Sinne von *Wenn nicht A, dann genau dieses Gegenstück; wenn nicht groß, dann klein (entweder groß oder klein); wenn nicht arm, dann reich (entweder arm oder reich).* Anders geartete oder umfassendere Möglichkeiten auszuschließen, hat nichts mit Logik zu tun, sondern mit Einschränkung. Mit Beschränktheit. Kreative, neuartige Möglichkeiten dürfen durch ein Entweder-oder nicht außer acht gelassen werden. Dazu ein Gedicht von Goethe, das Kindern oft – meist ohne die ersten drei Zeilen – ins Stammbuch geschrieben wird:

Geh! Gehorche meinen Winken,
Nutze deine jungen Tage,
Lerne zeitig klüger sein.
Auf des Glückes großer Waage
Steht die Zunge selten ein;
Du mußt steigen oder sinken,
Du mußt herrschen und gewinnen,
Oder dienen und verlieren,
Leiden oder triumphieren,
Amboß oder Hammer sein.[129]

Der Text spricht im bekannten Oben-Unten-Konzept. Was stellen die Wörter in den Raum? Was wird der Wahrnehmung angeboten, was muß die Wahrnehmung leisten? Beim ersten Lesen können die vielen aufgezählten Möglichkeiten wie eine Vielfalt von Möglichkeiten wirken. Die fünf Gegensatzpaare sind aber den beiden Waagschalen zugeordnet: entweder steigen (herrschen, gewinnen, triumphieren und Hammer sein) oder sinken (dienen, verlieren, leiden und Amboß sein). Im Grunde sind also nur zwei Möglichkeiten genannt. Auch scheint der Anspruch dessen, der in der ersten Zeile sagt: „Geh, gehorche meinen Winken" auszuschließen, daß es Sinnvolleres geben könnte, als eben diesen Winken zu gehorchen. Die Rezeption ist mit Spannung verbunden. Man könnte diese Spannung der poetischen Kraft der Sprache zuschreiben und die Sache auf sich beruhen lassen, oder eventuelles Unbehagen beiseite schieben. Der Sprache selbst eignet aber je nur ein *Wirkpotential*. Erst die Kräfte, die die Wahrnehmung betreiben, sind auch die Kräfte, die Spannung

129) Goethe 1882: 86. (Rechtschreibung angepaßt.)

erzeugen können. Und sie kommen vom Menschen. Wer sich miterlebend an den Alternativen, die das Gedicht nennt, beteiligt, kommt in ein Dilemma – in eine typische Double-bind-Situation. Vom konkreten Bild der Balkenwaage, ein durchdachter und detailreicher Gegenstand, gelangt man über inhaltlich diffuse Begriffe zum zweiten konkreten Bild des Gedichtes, zu Hammer und Amboß. Von einem empfindlichen Gerät zu zwei schweren, blockigen Gegenständen, die als Metapher für den Umgang von Menschen miteinander erhebliche Gewalttätigkeit vorgeben.

Der Text beschäftigt sich mit Vielerlei. Er bringt Gebieterisches sowohl durch die Worte *Geh! Gehorche ... Nutze ...* als auch durch die vorgestellten Alternativen, die dem *steigen und sinken* zugeordnet sind. Ja oder nein, hopp oder tropp, links oder rechts, gut oder böse: Das polarisierende Einordnen gehört zu den bevorzugten Denkstrategien unserer Kultur. Es liegt uns näher als ein nicht wertendes Beschreiben oder ein relativierendes Betrachten. In Sprachen, die nach völlig anderen Prinzipien als unsere bekannten europäischen Sprachen funktionieren – so die Polysynthese der indianischen und Eskimosprachen[130] – wird die Welt in Arten erfahren, die unserem teilenden und urteilenden Zugriff kaum nachvollziehbar sind. Das Weltbild der antiken Ägypter begünstigte ein deutliches Sowohl-als-auch-Denken. Die Tür war ein Doppelsymbol sowohl für Abwehr als auch für Einlaß; der todbringende Skorpion Symbol einer Schutzgöttin – sie verwendete ihn gegen Feinde. Die Wüste als der Inbegriff des Toten und Unfruchtbaren galt gleichzeitig als der Ort der Wiedergeburt der Sonne und der Toten. Das Sowohl-als-auch für Tod und Geburt, wenn ein Getreidekorn verdirbt, weil eine

---

130) Vgl. Müller 1985; insbes. das Kapitel *Archaische Sprache und archaisches Sprechen*, 15–31.

Pflanze im Werden ist, gibt es auch als christliches Symbol und stellt den physischen Tod als eine Geburt in eine andere Lebensweise dar.

Der Zugriff mit sowohl-als-auch erhellt einige Ausgrenzungen im besprochenen Gedicht. Man kann durchaus mit ein und derselben Tat für die einen im Ansehen steigen und für andere sinken. Manche Herrscher verstanden sich – zumindest programmatisch – als erste Diener des Staates. Das macht aus *herrschen oder dienen* ein sowohl herrschen als auch dienen, nämlich eins im anderen. Logisch richtig wäre es, dem *Steigen* (vorausgesetzt der Begriff ließe sich definieren) ein *nicht Steigen* entgegenzusetzen. Das läßt alle anderen Bewegungsrichtungen offen, ein Fortbewegen in der Ebene oder in jedwedem Winkel zu ihr, ein Stillstehen sowie sämtliche Zustände und Seinsarten, die sich dem kreativen, lateralen, organismischen oder sonstigem Denken und Erleben anbieten. Sogar die mechanisch reagierenden Waagschalen könnten – als dritte Möglichkeit – auf beiden Seiten gleich viel dazubekommen und daher stehenbleiben. In dem Mehr der Wirklichkeitsbezüge, die durch die Metaphorik aufgerufen sind, ist die Einschränkung auf *steigen oder sinken* erst recht unrealistisch und unzulässig.

Unabhängig von logischen Gesetzen und Möglichkeiten kann der Ausschließlichkeitsanspruch eines Entweder-oder allerdings faktische Wirklichkeit werden; und zwar dann, wenn innerhalb von Machtverhältnissen geredet wird. Wenn Eltern, LehrerInnen, Vorgesetzte, GesetzgeberInnen oder sonstige Machtinhabende Zwang ausüben wollen und können. Dann hat das Entweder-oder aber nichts mit Logik und wenig mit *communicare* zu tun, sondern mit Information innerhalb einer Machtstruktur. Was nach zwei Möglichkeiten aussieht, ist meist nur eine Möglichkeit. Das *oder* leitet die Ankündigung von (Straf-)Maßnahmen im Falle des Zuwiderhandelns ein. In

Diktaturen kann das heißen: Parteibuch oder erhebliche Schwierigkeiten; in Schulsystemen: bestehen einer Prüfung oder Ausschluß; bei einer roten Verkehrsampel: stehenbleiben oder Risiko einer Strafe. In sinnvollen wie in unsinnigen und unmenschlichen Zusammenhängen sind wir konditioniert worden, dem Entweder-oder zwingende Autorität zuzumessen. Die Erfahrung von Macht und Gewalt, die nicht *für* uns ausgeübt worden ist, sondern *über* uns, prägt den Wahrnehmungsapparat nachhaltig. Das Entweder-oder kann da zu einem bannenden Signal werden, das uns wie Hypnose den kreativen Umgang mit Lebensmöglichkeiten entzieht. Die Schwarzen Löcher der Wahrnehmung wirken hier nicht auf einen von Worten gelieferten Inhalt, sondern auf Möglichkeiten außerhalb. Die Wahrnehmung nimmt dann die Worte so, als würden sie die einzig mögliche Wirklichkeit vertreten.

Sozusagen als Heimatgebiet der Logik hat die Mathematik ebenfalls einen gebieterischen Nimbus, den viele mißbrauchen. Angelegenheiten, die als mathematisch oder pseudomathematisch beschreibbar dargestellt werden, erzeugen bei Rezipierenden sehr oft Schwarze Löcher der Wahrnehmung. Der Mathematik wird unüberprüft Unfehlbarkeit zugeschrieben. Was mathematisch darstellbar ist, muß – vorausgesetzt, daß die Darstellung richtig sei, was durchaus nicht immer der Fall ist – noch lange nicht wahr sein. Wenn Daten oder Vermutungen, die irgendwelchen Berechnungen zugrunde liegen, nicht stimmen, dann kann das Ergebnis der Berechnungen auch nicht stimmen. Da viele Menschen jedoch zur Mathematik seit Schulzeiten ein abwehrendes Verhältnis haben, stellen sie das Miterleben und Denken ein, sobald sprachliche Signale auf Mathematik hinweisen. Selbst wenn nur Mutmaßungen in mathematischen Formeln oder Vokabeln geäußert werden, entsteht für viele das Flair gründlicher und korrekter Gedankenarbeit. Ein Beispiel dazu aus Kleists *Über das Marionettentheater.* Herr C. beschreibt die Arbeit, die zu leisten ist, um Marionetten zum Tanzen zu bringen, folgendermaßen:

> Jede Bewegung, sagte er, hätte einen Schwerpunkt; es wäre genug, diesen, in dem Innern der Figur, zu regieren; die Glieder, welche nichts als Pendel wären, folgten, ohne irgend ein Zutun, auf eine mechanische Weise von selbst.
> Er setzte hinzu, daß diese Bewegung sehr einfach wäre; daß jedesmal, wenn der Schwerpunkt in einer *geraden Linie* bewegt wird, die Glieder schon *Kurven* beschrieben; und daß oft, auf eine bloß zufällige Weise erschüttert, das Ganze schon in eine Art von rhythmische Bewegung käme, die dem Tanz ähnlich wäre.
> [...]
> Ich frage ihn, ob er glaubte, daß der Maschinist, der diese Puppen regierte, selbst ein Tänzer sein, oder wenigstens einen Begriff vom Schönen im Tanz haben müsse?
> Er erwiderte, daß wenn ein Geschäft, von seiner mechanischen Seite, leicht sei, daraus noch nicht folge, daß es ganz ohne Empfindung betrieben werden könne.
> Die Linie, die der Schwerpunkt zu beschreiben hat, wäre zwar sehr einfach, und, wie er glaube, in den meisten Fällen, gerad. In Fällen, wo sie krumm sei, scheine das Gesetz ihrer Krümmung wenigstens von der ersten oder höchstens zweiten Ordnung; und auch in diesem letzten Fall nur elliptisch, welche Form der Bewegung den Spitzen des menschlichen Körpers (wegen der Gelenke) überhaupt die natürliche sei, und also dem Maschinisten keine große Kunst koste, zu verzeichnen.
> Dagegen wäre diese Linie wieder, von einer anderen Seite, etwas sehr Geheimnisvolles. Denn sie wäre nichts anders, als der *Weg der Seele des Tänzers.*[131]

Von *Linie* ist da die Rede, von *Kurven* und *Schwerpunkt*, von *Krümmung, der ersten oder höchstens zweiten Ordnung,* das Wort *elliptisch* fällt, und ein wenig später die Begriffe *Logarithmen, Asymptote* und *Hyperbel.* Wenn man den Inhalten nachgeht, so ist manches fehlerhaft: Beim Schwerpunkt ist die Rede davon, daß er *in* der Puppe liegt, was bei einem unregelmäßigen Gegenstand nicht stimmen muß, und bei einem unregelmäßigen, in sich bewegbaren und bewegten Gegen-

131) Kleist 1990: 90f.

stand nicht gleichbleibt. Wenn die Glieder der Puppen also Kurven beschreiben, verlagert sich der Schwerpunkt; wie soll er dabei gleichzeitig in einer geraden Linie bewegt worden sein? Das Weitere wird nicht geradewegs behauptet, sondern durch ein *wie er glaube* relativiert. Trotzdem vermitteln die Vokabeln aus dem Bereich der Mathematik den Eindruck von Sachautorität. Hier redet einer, ist man geneigt anzunehmen, der sich die Sache gründlich überlegt und sie wissenschaftlich überprüft hat. Zudem spricht nicht der Prüfer selbst. Ein Zuhörer – der Ich-Erzähler – hat der Sache schon zugestimmt; er findet sie sogar richtig und wert, weitererzählt zu werden. Dieser Vorgang und das Sachgebiet *Mathematik* erzeugen den Eindruck von Objektivität und Sachlichkeit schlechthin. Wozu also nachprüfend miterleben und mitdenken. In diese nicht prüfende Rezeptionshaltung fällt dann auch der Wechsel von sachlichem Gehabe zur Metapher. Was eben noch Mathematik gewesen sein soll, ist plötzlich die *Seele des Tänzers*. Es wäre nichts dagegen einzuwenden, ein genaues Bild zu einer Metapher zu verwenden. Aber erstens gibt es den regierbaren Schwerpunkt im Innern der Figur nicht; zweitens hat die Figur keine Seele; und drittens ist der Maschinist, der die Puppe bewegt, nicht der Tänzer, den sie darstellen könnte.[132]

Dieser Abschnitt, und im weiteren die öfters vorkommende Vermengung von Qualitäten der leblosen Puppe mit Qualitäten des lebendigen und empfindungsfähigen Maschinisten stellt immer wieder den Anspruch, beweiskräftig zu sein, wie es Logik und Mathematik sind, ohne logisch oder mathematisch stichhaltig zu sein.

132) Silz nennt es „eine beunruhigende Mischung von rationalistischer Mechanik und romantischer Vergeistigung in diesem Diskurs" (1967: 101), kritisiert die unrealistischen Beschreibungen der Marionette ebenso wie die ungerechtfertigte Verwendung physikalischer und geometrischer Begriffe und überlegt, ob *Über das Marionettentheater* nicht doch „nur ein geistreiches Feuilleton ist" (1967: 100).

146

Aber selbst bei Dingen, die logisch, mathematisch oder naturwissenschaftlich stichhaltig sind, heißt diese Tatsache nicht, daß alles recht und billig ist. Wenn Petruchio seiner Ehefrau Katharina vorhält: „Ei wie du lügst! 's ist ja die liebe Sonne!", so ist er, was die Tatsache betrifft, im Recht. Katharina, die eben die Sonne als Mond bezeichnet hat, ist im Unrecht, was die Sache betrifft. Zieht man aber die Gesamtsituation in Betracht, so ist der gewalttätige Petruchio im Unrecht. Die Tatsache der Sonne kann nicht darüber hinwegblenden.

Die entscheidende Frage, die sich ein Vorgang gefallen lassen muß, ist nicht die, ob ein Detail in sich logisch ist, sondern ob er als Ganzes stimmig und (lebens)möglich ist. Insbesondere Recht oder Unrecht lassen sich nur bestimmen, wenn jeweils größere Zusammenhänge in der Urteilsfindung mitbedacht werden. Logik gilt immer für ein begrenztes Gebiet. Ihre Gültigkeit darf nicht darüber hinwegtäuschen, daß es Leben auch außerhalb der für sie gesteckten Grenzen gibt.

HÖREN, SCHAUEN, ERLEBEN –
DAS WORT UND DIE TATSACHEN

Den Sinnen des Menschen entsprechen unterschiedliche Erfahrungsbereiche. Die metaphorischen Bedeutungen sagen ihrerseits etwas über das Tun und die Wahrnehmung des Menschen. Wenn ich *jemanden nicht riechen kann*, heißt das, daß ich diesen Menschen auf eher umfassende Weise nicht mag; wobei der Hinweis auf das *Riechen* den Eindruck einer individuellen, subjektiven Beurteilung vermittelt. Noch deutlicher in die Zuständigkeit der/des einzelnen gehört der *Geschmack, über den sich*, so sagt es die Redensart, *nicht streiten läßt*.

Beim *Begreifen* wird meist ein umfassenderer Anspruch auf Gültigkeit gestellt. Was dem Tastsinn zugeordnet ist, hat zuerst mit physischen Dingen zu tun. Noch im übertragenen Sinn wird das, was man *begriffen* hat, als ein Stück innerer Wirklichkeit erlebt.

Einen speziellen Bezug zur Sprache und zum Tun hat das *Hören*. *Auf einen Rat hören* heißt, ihn *befolgen*: Aus dem Hören wird die Ursache für ein Tun genommen. Wo dieses zwanghaft geschieht, spricht man von *Hörigkeit*. Die Wörter *gehorchen* und *Gehorsam* sind ebenfalls sprachliche Verwandte von *hören*. Wer *gehorsam* ist, nimmt die Impulse für die eigenen Taten aus dem, was er/sie von anderen gehört hat. Unabhängig davon, ob diese Impulse sich mit den im Inneren empfundenen decken, und unabhängig davon, was andere Sinne melden. Wenn ich jemandem *unbedingten Gehorsam* gelobe, verzichte ich in meinem Urteil und Tun auf das, was ich sehe, spüre oder begreifen kann. Weshalb der bedingungslose Gehorsam auch *blinder Gehorsam* genannt wird. Der Verzicht auf die *eigene Anschauung* bringt meist eine Belohnung in Form von Gruppen*zugehörigkeit*, also relative Sicherheit und Aufwertung. Ange*hörige* der Gruppe bestätigen einander; ein

Gefüge, in dem unweigerlich wieder Abwertung und Verachtung zu finden ist: Wer nicht *gehorchen* will, wird, je nach Situation, ein *schlimmes* Kind genannt, ein *straffälliger* oder zu *degradierender* Soldat, oder einfach *nicht würdig* in eine bestimmte Gemeinschaft aufgenommen zu werden.

Ein Bild sagt mehr als tausend Worte: Schauend können vielerlei Details und Zusammenhänge gleichzeitig wahrgenommen werden. Dem Schauen wird auch mehr vertraut als dem Hören. Selbstverständlich ist auch das Wahrnehmen optischer Eindrücke subjektiv, also Verzerrungen, Selektionen, Projektionen und Deutungen unterworfen, dem *Bild, das man sich von einer Sache gemacht hat*, traut man jedoch für gewöhnlich mehr als einer Erzählung, die der eigenen An*schauung* wider*spricht*. Texte sind immer etwas, bei dem ein/e andere/r schon eine subjektive Auswahl getroffen hat, bevor sie mir begegnen. Ob das textlich Abgebildete etwas tatsächlich Mögliches darstellt, muß überprüft werden. Für so ein Überprüfen – wenn es um Menschen und Abläufe in der Zeit geht – sind nicht nur alle Sinne, sondern auch die Erfahrungen des Körpers, der Emotionen und des Geistes notwendig. Wo von Tatsachen gesprochen wird, müssen diese erlebnismäßig nachvollziehbar sein; dieses Erleben muß in der Wahrnehmung mit dazugehörigen Worten, Emotionen und Taten nachweisen, daß die Worte Statthalter für Wirklichkeit waren.

Dazugehörig heißt hier: Die Emotionen hören auf die entsprechenden Worte; die entsprechenden Worte sind deckungsgleich mit dem körperlichen Geschehen, das sie abbilden; der Verstand bestätigt die Stimmigkeit der Abläufe.

Um letzteres zu tun, muß der Verstand die Abläufe aber auch wahrnehmen. Sowohl die äußeren wie auch die inneren. Das ist bei den vielen notwendigerweise automatisierten Vorgängen schwierig. Was geschieht zum Beispiel in der Wahrnehmung bei folgenden Worten: *Ein Mensch, der eines Tages be-*

149

merkte, daß er schwanger war ... oder bei *Ein Mensch, der ein Kind bekam* ... Logisch gesehen ist es richtig, daß ein Mensch sowohl ein Mann als auch eine Frau sein kann; es gibt männliche Menschen und weibliche Menschen. Auch schon dieser letzte Satz wirkt in einer Umkehrung, die logisch und tatsächlich genauso richtig ist, eigenartig: Logisch gesehen ist es richtig, daß ein Mensch sowohl eine Frau als auch ein Mann sein kann; es gibt weibliche Menschen und männliche Menschen. Unsere Wahrnehmung entscheidet sich bei dem Wort *Mensch* nicht für etwas Geschlechtsneutrales, sondern in den meisten Fällen, dem grammatikalischen Geschlecht und den Usancen entsprechend, für einen Mann. Deshalb ist die Formulierung *Ein Mensch, der eines Tages bemerkte, daß er schwanger war* ... nicht so eingängig wie *Ein Mensch, der eines Tages erfuhr, daß er Vater werden würde*. Dem innerlich und unbewußt oder bewußt aufgerufenen Bild eines Mannes läßt sich *daß er Vater werden würde* eben reibungsloser hinzufügen, als *daß er schwanger war*. Sogar ein Dichter wie Erich Fried, der immer wieder auf die Möglichkeiten zum Machtmißbrauch hingewiesen hat, die in der Sprache liegen, schrieb in seinem Gedicht *Es gab Menschen* in einer Zeile: „diese Menschen und ihre Frauen und Kinder ...".[133] Er hat es in späteren Auflagen des Gedichtbandes *Es ist was es ist* auf meine Kritik hin geändert; jetzt heißt es dort: „diese Menschen Männer, Frauen und Kinder".[134]

In unserer Kultur wird das Gattungsspezifische als männlich angesehen. Ein Beitrag in einer Radiosendung hatte beispielsweise den Titel: *Wie findet ein Schmetterling* ... – seine Nahrung? seinen Weg über die Alpen? nein: – *sein Weibchen*[135]. Wer hat sich je bei Eugen Roths Gedichten, die mit *Ein Mensch* ... beginnen, eine Frau vorgestellt?

---

133) Fried 1983: 81.

LEIDER

Ein Mensch sieht schon seit Jahren klar:
Die Lage ist ganz unhaltbar.[136]

Oder *Ein Mensch, erst zwanzig Jahre alt* ...[137] (*Weltlauf*), *Ein Mensch spricht fern, geraume Zeit* ...[138] (*Das Ferngespräch*), und viele andere mehr. Falls das Gedicht ausdrückliche Information über das Geschlecht des *Menschen* gibt, bestätigt das immer seine Männlichkeit; in manchen Fällen indirekt:

DER BUMMELZUG

Ein Mensch, wie aus dem Ei gepellt –
Man sieht sofort, ein Mann von Welt –,[139]

VERSÄUMTER AUGENBLICK

Ein Mensch, der beinah mit Gewalt
Auf ein sehr hübsches Mädchen prallt,
[...]
Der Mensch übt nachts sich noch im Bette,
Wie strahlend er gelächelt hätte.[140]

134) In der Sendung *Von Tag zu Tag*, ORF, 5. Dez. 1983, war Erich Fried zu Gast. Nachdem ich ihn in einem Telefonanruf auf diese Stelle hingewiesen hatte, schloß ich: „In diesem Zitat ist Mensch gleich Mann. Und die Frauen ordnet man als irgend etwas anderes den Männern, als Menschen, zu. Wie können Sie so eine Sprachschablone, die ungeheuer frauenfeindlich ist, rechtfertigen?" Darauf Erich Fried: „Sie war natürlich überhaupt nicht frauenfeindlich gemeint, sondern sie war als Nachsatz, daß zu diesen Menschen, von denen ich gesprochen hab', auch eine Familie gehört. Natürlich ist das mißverständlich, aber es war überhaupt nicht so gemeint. Ich werde mir überlegen, ob ich es anders formulieren kann in der nächsten Auflage, um das zu verhindern, daß es so verstanden wird."
135) Österreichisches Rundfunkprogramm Ö1, „Dimensionen" vom 21. März 1992.
136) Roth 1961: 10.
137) Roth 1961: 29.
138) Roth 1961: 17.
139) Roth 1961: 79.
140) Roth 1961: 23.

Fraugottnocheinmal gibt es nicht als Wort, das *homerische Gelächter* läßt sich kaum als von einer Frau angestimmt denken, *Mannschaft, Privatmann, Clown, Häftling* und viele andere Bezeichnungen haben kein oder nur ein mühseliges Pendant, das mit einer Frau in Verbindung gebracht wird. Selbst das unpersönliche Fürwort *man* muß sich die Vermutung gefallen lassen, daß bei seiner Verwendung öfter an einen Mann als an eine Frau gedacht wird.[141] In letzter Zeit ist von einigen Seiten der Versuch gemacht worden, *man/frau* zu sagen und zu schreiben oder das *man* durch *frau* zu ersetzen. Das Bewußtsein dafür, wie unterrepräsentiert – gemessen an den Tatsachen – die Frauen in der Sprache und in der durch Sprache hervorgerufenen Wahrnehmung sind, hat seither deutlich zugenommen. Als Praxis einer Übergangszeit und zur Schärfung der Wahrnehmung ist das *frau* anstelle von *man* durchaus empfehlenswert.

Letztendlich wäre wohl nur ein geschlechtsneutrales Wort in dieser Angelegenheit gerecht. Es gibt schon jetzt mögliche Fälle: „Vater und Mutter sind *jedes* ein Mensch für sich. [...] Jemand *Fremdes* hat gefragt. Jemand *anderes* [...]"[142]

Schwerwiegender als die Assoziation von *man* zu *Mann* ist die Tatsache, daß mit *man* so oft Macht- und Unterwerfungsansprüche transportiert werden. Gerechtfertigt ist das unpersönliche Fürwort *man*, wenn es heißt *eine Person, die* – und dann folgen genaue Rahmenbedingungen: *Wenn man von Wien mit dem Zug nach Salzburg fahren will, muß man die Westbahn benützen.* Es besteht kein allgemeiner Anspruch, sondern unter konkreten Bedingungen entsteht ein konkreter Inhalt für ein *man muß*. Niemand wird mit Verachtung bedroht, niemand wird unter diffus wahrnehmbaren Druck ge-

---

141) Das unbestimmte Pronomen *man* stammt vom Substantiv *Mann*; vgl. Duden 1973, Bd. 4: 300.
142) A. a. O.: 150.

setzt, sondern aus einer Zielvorgabe erfolgt ein konkreter Handlungsbedarf.

Deutlich anders ist das bei einem Satz wie *Man muß immer freundlich grüßen*. Aussagen dieser Art werden verwendet, als wären sie grundsätzlich und allgemein gültig. Dieser Anspruch ist unzulässig. So wird zum Beispiel ein/e Schwerkranke/r nicht grüßen; *grüßen* ist außerdem eine konkrete Tat, die gar nicht *immer* stattfinden kann. Ersetzt man *immer* durch *jedesmal, wenn* oder durch sonst eine genaue Zeitangabe, so rückt die ganze Aussage deutlich näher an überprüfbare Tatsachen. Ohne Verallgemeinerungen kommt unsere Sprache nicht aus. Wenn Verallgemeinerungen jedoch Druck auszuüben imstande sind, dann liegt der Verdacht nahe, daß undeklarierte Unterwerfungsmechanismen in Betrieb sind. Dann ist es sinnvoll, genau nach den handelnden Personen, den näheren Umständen und konkreten Ereignissen zu fragen. Erst wenn ein mögliches Beispiel vollständig in Sprache abgebildet ist (Immer wenn ich meinen Onkel sehe, muß ich freundlich grüßen, damit ich viel geschenkt bekomme), eine Situation, die ein Vorher und Nachher hat, läßt sich beurteilen, ob etwas Allgemeingültiges vorliegt, Zweckdenken oder ein versteckter Machtanspruch.

Was aus dem Alltag vertraut ist, fällt auch in politischen Diskussionen nicht so leicht auf, obwohl Forderungen und Machtausübung dort direkt dazugehören. Nach dem Zusammenschluß von BRD und DDR prangerte ein Artikel von *Literatur und Kritik* die Diskriminierungen an, denen insbesondere Intellektuelle und KünstlerInnen der ehemaligen DDR gegenüberstünden; der Autor zieht einen Vergleich mit dem Prager Frühling, nach dessen Niederschlagung 1968 durch die „Truppen des Warschauer Pakts praktisch alle Geistes- und Sozialwissenschaftler an den Universitäten und an den Akademien der Wissenschaften entlassen wurden"[143]; über die Menschen, die deren Plätze einnahmen, sagt er: „Natürlich müssen diese Leute heute von dort wieder entfernt werden."[144] Die Anmaßung, mit diesem Satz Allgemeingültiges auszusprechen, ist so groß, daß nicht einmal mehr das *man muß* verwendet wird. Solche Passivsätze kommen einem Befehl nahe und suggerieren eine Notwendigkeit. Aber: Mit welchen Mitteln soll da *entfernt* werden? Von wem? Aufgrund welcher Verfahren? Erst wenn von einer Aktion die Handelnden bekannt sind, die Mittel, die sie anwenden, und die Personen, die betroffen sind, kann etwas über die Rechtmäßigkeit oder Notwendigkeit ausgesagt werden. Vielleicht war bei *diesen Leuten* jemand dabei, die/der mehrere Existenzen gerettet hat durch die Übernahme seines/ihres Postens; vielleicht hat jemand den Posten benützt als Tarnung für Untergrundtätigkeit. Schon ein einziger, möglicher Fall, auf den das *entfernt werden müssen* nicht zutrifft, setzt den pauschalen Anspruch außer Kraft. Der Autor des Artikels würde vermutlich auf die Frage, ob er es für richtig hält, eine Gruppe von Menschen zu verurteilen, nur weil sie zu einer bestimmten Zeit einen an sich durchaus nicht verbrecherischen Beruf innehatten, mit nein antworten. Im günstigsten Fall ist ein Satz wie *Natürlich müssen diese Leute ... entfernt werden* ein gedankenloses Nachahmen einer Haltung, die viele einschüchtert, weil sie totalitären Machtanspruch beinhaltet. Der Ungeist so einer Haltung wird verbreitet, egal welche bewußte Absicht diesen Satz hervorgebracht hat. Gerade in der Politik und in politischen Angelegenheiten, wo eo ipso Macht im Spiel ist, sollte genaue Sprache eine Selbstverständlichkeit

---

143) Rothschild 1991: 13. (Die Zeitschrift *Literatur und Kritik* erschien damals wegen juristischer Auseinandersetzungen mit schwarzen Balken im Titel, die nur L und K übrig ließen; inzwischen erscheint sie wieder mit gewohntem Titel.)

144) Ebda.

sein. Nur wenn die Sprache genau ist, kann überprüft werden, ob nicht Unrecht ermöglicht wird. Nur wenn ein Plan in genauer Sprache dargelegt wird, kann seine Sinnhaftigkeit, seine Rechtmäßigkeit und die erwartete Effizienz überprüft werden. Nur wenn die Worte von Politikern und Politikerinnen Probe-Wirklichkeit sind, kann beurteilt werden, was ihre Absichten für die Menschen wert sind. Das Wort, das vermutlich am öftesten verwendet wird, um von einem konkreten Überprüfen abzuhalten, ist das Wort *natürlich*. *Natürlich müssen diese Leute ... entfernt werden.* Welche *Natürlichkeit* wird da beschworen, mit der pauschal eine Gruppe von Menschen *entfernt* werden *muß*? *Natur* hat mit Gegebenheiten zu tun, auf die der Mensch keinen Einfluß hat oder keinen Einfluß genommen hat, *Natur* ist auch das, was sich ohne Zutun des Menschen entwickelt, *natürlich* ist eine gegebene Situation, Konstitution oder Wesensart; *natürlich* ist etwas, das sich aus der Naturgesetzlichkeit ergibt, etwas Angeborenes; oder *unverbildet, ungezwungen, selbstverständlich*. All diese Ansprüche klingen an, wenn das Wort *natürlich* fällt. Für den Inhalt, der *natürlich* genannt wird, ergäbe sich dann, daß er *ohne Frage* so sei; hinterfragen erübrige sich. Wenn man sich das vor Augen führt, überrascht es nicht, daß gerade Herrschaftsansprüche, Machtansprüche und Systeme, in denen Unterwerfung verlangt wird, dieses Wort anwenden. Das, was mit *natürlicher* Gesetzmäßigkeit vor sich geht, können Menschen nicht ändern. *Natürlich* fällt der Bleistift, den ich in der Hand halte, hinunter, wenn ich ihn auslasse, etc. Unser Eingebundensein in naturgegebene Gesetze ist erlebnismäßig so präsent, daß schon allein das Wort *natürlich* eine verblüffende Suggestivkraft besitzt. Politik regelt die Umgangsformen der Menschen untereinander. Nun ist es zwar *natürlich*, daß Menschen die Umgangsformen miteinander regeln, der *Inhalt* dieser Formen ist dann jedoch von Menschen vorgegeben. Und das ist etwas grundsätzlich anderes. Wenn die Sprache Statt-halter-Funktion für Wirklichkeit hat, sind Sätze nicht möglich wie „Der Parteivorstand reagierte natürlich ablehnend" oder „Für die Bevölkerung ergibt sich daraus natürlich ..." Ersetzt man das Wort *natürlich* in den gegebenen Fällen mit *erwartungsgemäß* oder mit *zwingend* beziehungsweise *folgerichtig* dann ist die Wirklichkeit deutlicher. Wenn Menschen etwas für *folgerichtig* halten, etwas *erwarten* oder als *zwingendes* Resultat betrachten, so läßt sich die Sache eher in Frage stellen. Die Möglichkeit zu Alternativen besteht; was bei Naturgesetzen nicht der Fall gewesen wäre. *Natürlich, man, immer* und *müssen* sind Wörter, die zwar Stellvertretung für konkrete Wirklichkeit sein können, Vorsicht ist jedoch angebracht. Die Wirklichkeit, auf die sie sich beziehen, hat oft nichts mit konkreten Begriffen zu tun, sondern mit Unterwerfungsanspruch: unter eine allgemeine Behauptung, eine Gruppenwertung, ein Muster oder eine totalitäre Vorgangsweise.

Ungenaue Verallgemeinerungen trennen wieder – wie in *Alle Menschen werden Brüder* oder *Welche Niedrigkeit begingest du nicht, die Niedrigkeit auszutilgen?* – das, was die Sprache transportiert vom sinnlich möglichen Erleben. Ob ein Eingriff in die Wirklichkeit sinnvoll sein kann, läßt sich bestenfalls dann beurteilen, wenn die Sprache Probe-Wirklichkeit ist. Der Satz, den Ingeborg Bachmann ihrer Rede anläßlich der Verleihung des Hörspielpreises der Kriegsblinden zur Überschrift gibt, ist so etwas wie ein geflügeltes Wort geworden: „Die Wahrheit ist dem Menschen zumutbar"[145]. *Die Wahrheit* als Begriff hat einen hohen Prestigewert; warum ist hier unterstellt, daß sie eine Zumutung sei? Es könnte eine schmerzliche oder schreckliche Wahrheit gemeint sein; dann ist es irreführend, verallgemeinernd von *Wahrheit* zu reden. *Dem Men-*

145) Bachmann 1978, Bd. 4: 275.

schen kann etwas zugemutet werden: Von wem? Von anderen Menschen? Dann gibt es mindestens zwei Gruppen: Eine Gruppe kennt die Wahrheit, eine andere kennt sie nicht. Zu welcher Gruppe gehöre ich dann? Wird mir, ohne daß ich es beeinflussen kann, etwas zugemutet? Oder mute ich (ohne daß ich es bislang weiß?) jemandem etwas zu? Wenn aber nur eine *Gruppe* von Menschen gemeint ist, warum dann das verallgemeinernde *dem Menschen*? Oder spricht das Schicksal? Überlegt vielleicht eine Gottheit, ob sie *die Wahrheit* (welche?) *dem Menschen* zumuten kann? Dann wäre die Sache für Menschen unbeeinflußbar und als Diskussion uninteressant. Wir befinden uns wieder in einem Vexierspiel: Es paßt immer nur ein Teil in die Wirklichkeit, nie das Ganze. Nicht, weil in der Überschrift noch zu wenig Information vorhanden ist, sondern weil die Inhalte, die transportiert werden, einander teilweise ausschließen, beziehungsweise zu viel einschließen: Nicht jede Wahrheit ist eine Belastung oder Zumutung; es gibt schöne, angenehme Wahrheiten.

Ingeborg Bachmanns Rede beginnt mit Sätzen, die ebenfalls aus Puzzle-Teilchen zusammengesetzt sind, die nicht zum selben Bild passen:

> Der Schriftsteller – und das ist seine Natur – wünscht, sich Gehör zu verschaffen. Und doch erscheint es ihm eines Tages wunderbar, wenn er fühlt, daß er zu wirken vermag – um so mehr, wenn er wenig Tröstliches sagen kann vor Menschen, die des Trostes bedürftig sind, wie nur Menschen es sein können, verletzt, verwundet und voll von dem großen geheimen Schmerz, mit dem der Mensch vor allen anderen Geschöpfen ausgezeichnet ist. Es ist eine schreckliche und unbegreifliche Auszeichnung. Wenn das so ist, daß wir sie tragen und mit ihr leben müssen, wie soll dann der Trost aussehen und was soll er uns überhaupt? Dann ist es doch – meine ich – unangemessen, ihn durch Worte herstellen zu wollen. Er wäre ja, wie immer er aussähe, zu klein, zu billig, zu vorläufig.
> So kann es auch nicht die Aufgabe des Schriftstellers sein, den Schmerz zu leugnen, seine Spuren zu verwischen, über ihn hinwegzutäuschen. Er muß ihn, im Gegenteil, wahrhaben und noch einmal, damit wir sehen können, wahrmachen. Denn wir wollen alle sehend werden.[146]

Eine Schriftstellerin sagt: „Der Schriftsteller – und das ist seine Natur –": Will sie etwas über alle SchriftstellerInnen sagen und verschweigt, daß es auch Frauen gibt, oder will sie etwas über ihre männlichen Kollegen sagen? – Jemand *wünscht* etwas: *Wünschen* bezieht sich im allgemeinen auf Inhalte, die noch nicht Wirklichkeit sind, die ich möchte, die aber nicht einfach von mir gekauft oder befohlen werden können; *sich Gehör verschaffen* heißt, *dafür sorgen, daß man gehört wird.* Ingeborg Bachmann sagt also: *Der Schriftsteller ...wünscht sich, dafür zu sorgen ....* Das ist surreal, also eine Einheit, die mit menschlichen Sinnen und Maßstäben nicht möglich ist. Und diese surreale Kombination ist dann laut Bachmann die *Natur* des Schriftstellers. Etwas in der konkreten Wirklichkeit Unmögliches wird als etwas von der Natur Gegebenes bezeichnet. – Und mit solchen, auf die Wirklichkeit nicht einheitlich anwendbaren Versatzstücken geht es weiter: Eine Frau spricht von sich als Mann und redet von Menschen, „die des Trostes bedürftig sind", und doch sind das dann alle Menschen, weil der *geheime Schmerz* den Menschen *vor allen anderen Geschöpfen auszeichnet.* Kann eine Auszeichnung ein Schmerz sein? Oder ein Schmerz etwas anderes als eine Last, nämlich eine *Auszeichnung*? Und wenn ich einen Trost herstellen kann, dann kann er nicht „zu klein, zu billig, zu vorläufig" sein, sondern dann ist es ein Trost – oder es war keiner.

Ist ein Schmerz, den wir nicht sehen können, ein Schmerz? Entweder wir spüren ihn nicht, dann ist es kein Schmerz, dann braucht ihn auch niemand *wahr* zu machen. *Denn wir wollen alle sehend werden* bagatellisiert den Unterschied zwischen physisch Sehenden und Blinden in einem Ausmaß, das mir persönlich zumindest schwer erträglich ist. Möglich,

146) Ebda.

daß das Verwischen dieses Unterschieds für Blinde ein Trost ist. Ich weiß es nicht, aber ich bezweifle es. Wer tatsächlich eine Weltanschauung lebt, für die das Dasein, völlig unabhängig von physischen Voraussetzungen, ausschließlich dem Zweck der seelisch-geistigen Bewältigung dient, die/der bräuchte ohnehin keinen Trost.

Wie bei so vielen Texten erhellt auch hier die Untersuchung des verwendeten *wir* das, was der Text der Wahrnehmung zu tun nahelegt:[147] Ein Mensch, der *wir* sagt, gehört zu dem *wir* dazu; Bachmann spricht als Schriftstellerin allgemein vom *Schriftsteller*, also gehört der/die SchriftstellerIn zu dem *wir* dazu; dann ist eine Gegenüberstellung SchriftstellerIn-Publikum angesprochen, das *wir* ist jetzt eher das Publikum; aber *wir* müssen die schreckliche Auszeichnung tragen, das sind *alle Menschen*; und *wir wollen alle sehend werden*: Da gibt es plötzlich keine SchriftstellerInnen in dem *wir*, denn diese wären ja schon sehend. Wie im Traum wechselt die sprechende Person die Rollen: sie ist sie, er, Publikum, alle, Sehende und Nicht-Sehende. *Der Apfelbaum hat Haifischzähne und schwebt auf einsamem Libellenflügel ins Morgenrot*: traumhafte, surrealistische Sprache ist eine Möglichkeit zur Erholung, Grenzen zu überschreiten, einengende Zwänge für eine Zeitlang unbeachtet zu lassen. Sie legt eine Haltung nahe, die das Ungewohnte und damit das Neue erwartet. Sprache, die sich an den Gesetzen des Traumhaften, Phantastischen und

---

147) Da das *wir* und andere Personalpronomina „vor allem in gesprochenen Texten eine Quelle der Vagheit bzw. des Mißverständnisses [sind, ist ihr Gebrauch] in Politikerreden häufig und beliebt." (Gruber 1990: 200) Wie durch den Gebrauch von *wir* (alle ÖsterreicherInnen; inhaltlich können sich die Zuhörenden, sachlich richtig, zuordnen) mittels subtiler Strategien dem Publikum unterstellt wird, es sei der Meinung des Redners Jörg Haider, analysiert anhand eines interessanten Fallbeispiels Helmut Gruber (Gruber 1990: 200ff.); durch die sprachlich mögliche, unterschiedliche Verwendung von *haben* wird die Neigung der Zuhörenden „Haiders Realitätsdeutung zu übernehmen, noch verstärkt." (Ebda.)

Surrealen orientiert, kann eine wichtige Funktion haben. Vieldeutigkeit und verblüffende Kombinationen erinnern daran, daß es mehr gibt als das schon Bekannte. Je mehr Arten es gibt, um die Fähigkeiten der Menschen zu erweitern, umso besser für ein vielfältiges, interessantes und intensives Leben der einzelnen. Wenn ich aber konkret auf konkrete Vorgänge einwirken möchte, werde ich mit surrealistischer Sprache bestenfalls punktuelle Zufallserfolge erzielen. Ich werde keine Traumlandkarte benützen, wenn ich von Wien nach Rom fahre, auch wenn mir meine Träume nützliche Hinweise für meine Romreise gegeben haben.

Sten Nadolny zitiert den Bachmann-Satz *Die Wahrheit ist dem Menschen zumutbar*, „weil er, in einem kleinen Wortversteck, das Wort „Mut" enthält."[148] Diese Assoziation ist ohne weiteres nachvollziehbar. Als Impulsgeber für Mut haben wohl auch andere Menschen diesen Satz verstanden, und so hat er Einfluß auf die jeweilige Wirklichkeit. In einer Situation, in der ich Mut brauche, ist es jedoch ergiebiger, die Sprache nicht assoziativ als Impulsgeber oder träumerisch surreal zu verwenden, sondern in ihrer Stellvertreter-Funktion für Wirklichkeit zu belassen. Dann ergeben sich Fragen wie: Warum brauche ich Mut? Wovor habe ich Angst? Welche konkrete Wahrheit fürchte ich? Was kann schlimmstenfalls passieren, wenn ich oder jemand anderer diese Wahrheit weiß? Mit den Antworten auf diese Fragen kann ich sprachlich Probe-Handeln; es können sich Möglichkeiten ergeben, die den Mut gar nicht mehr notwendig machen, weil die Angst kleiner oder fort ist. So mache ich mir mittels Sprache meine innere und äußere Wirklichkeit klarer. Nur was ich wahrgenommen habe, kann ich gezielt beeinflussen. Wenn Sprache und Wirklichkeit

---

148) Nadolny 1990: 133. (Der Satz ist statt mit „dem Menschen" mit „den Menschen zumutbar" zitiert.)

genau übereinstimmen, läßt sich leicht von Sprache zu Wirklichkeit übergehen und umgekehrt. In ihrer Erzählung *Alles* läßt Bachmann den Vater von Fipps in seinen Reflexionen über das, was mit ihm seit der Geburt seines Kindes geschah, zu folgendem Punkt kommen:

> Und ich wußte plötzlich: alles ist eine Frage der Sprache und nicht nur dieser einen deutschen Sprache, die mit anderen geschaffen wurde in Babel, um die Welt zu verwirren. Denn darunter schwelt noch eine Sprache, die reicht bis in die Gesten und Blicke, das Abwickeln der Gedanken und den Gang der Gefühle, und in ihr ist schon all unser Unglück.[149]

Das Unglück dieses Vaters und vieler anderer Menschen liegt nicht in der Sprache, die „bis in die Gesten und Blicke, das Abwickeln der Gedanken und den Gang der Gefühle" reicht, das Unglück liegt darin, daß die Wortsprache nicht in Einklang mit dem Gang der Gefühle, mit den Gesten und Blicken und dem Abwickeln der Gedanken verwendet wird. Nicht im Einklang mit dem, was die Sinne melden, nicht im Einklang mit dem, was dem Erleben möglich ist. In einem Fall, in dem ich Mut brauche, würde *ich habe Angst* den Gang der Gefühle und die körperlichen Bewegungen, die dem entsprechen, in der Wortsprache berücksichtigen. Heroischer würde es allerdings klingen, zu sagen *Die Wahrheit ist dem Menschen zumutbar. Freude schöner Götterfunken ...* läßt mich in eine hochgestimmte Hoffnung einschwingen, ohne daß ich mir Rechenschaft geben muß über das, was mich im Augenblick bewegt und was mir persönlich konkret wichtig ist; *Ändere die Welt: sie braucht es!* macht mich vor mir selbst (pseudo-)bedeutender als der Satz *Räum deinen Schreibtisch auf!* – was im eigenen Verantwortungsbereich ein wichtiges Stück Veränderung bedeuten kann. Der Sprachgebrauch also, der von der persönlich konkreten Wirklichkeit abhebt, wirkt wie ein Narkotikum, das über

149) Bachmann 1978, Bd. 2: 143.

die eigene Begrenztheit oder die vermutete, angebliche Banalität der Tatsachen hinwegtäuscht. Man kann sich (pseudo-)aufwertenden Illusionen anschließen wie Heroismus, Einfluß auf die ganze Welt zu haben oder ähnliches. Die bloß verbal konsumierte Mahlzeit macht jedoch nicht satt. So wird die pseudo-aufwertende Sprache weiter bemüht, Gruppenbildung ist notwendig, Sucht nach Dominanz und der Anspruch, andere zu unterwerfen, gehören zum Repertoire der daraus resultierenden Lebenshaltung. Während so getan wird, als würde über Tatsachen geredet, ist der Hauptzweck von Sprache, das System aufrechtzuerhalten, dem man den angeblich persönlichen, eigenen Wert abliest. Was die Sinne trotzdem noch melden und was als Erleben nicht zum programmatisch fixierten Bild paßt, wird mit den unterschiedlichsten Etiketten versehen: bei Ingeborg Bachmann als metaphysischer *geheimer Schmerz*, als *Auszeichnung*, die zum Menschen gehöre.

Im Zuge des Sich-selbst-Aufwertens ist es nicht verwunderlich, daß sich Bachmann eine*n Schriftsteller* nennt.

> Die Benennung bzw. Bezeichnung von Dingen ist ein Akt der Identifizierung, der Anerkennung ihrer Existenz und deren Bestätigung. Etwas, was ist, durch Nicht-Bezeichnen der bewußten Wahrnehmung zu entziehen, hat umso fatalere Konsequenzen, wenn es sich um Personen handelt (wobei es immer noch ein Unterschied ist, ob ich von dieser Nicht-Bezeichnung als Person betroffen bin oder nicht), nämlich die Bezweiflung ihrer Existenz und damit auch die Nicht-Anerkennung jeglicher Ansprüche.[150]

Durch Jahrhunderte hindurch hat man in der deutschen Sprache unter Berufung auf (änderbare) Grammatikgesetze die Frauen aus der Wahrnehmung in hohem Maße ausgeschlossen. Wovon nicht gesprochen wird, das wird nicht beachtet, was nicht beachtet wird, kann nicht geachtet werden. Erst die Wahrnehmung macht eine Einschätzung möglich.

150) Langer 1989: 60.

Die wohl krasseste Ausformung der Verleugnung der weiblichen Person ist *das Mädchen: es*. Im Erleben werden durch *es* andere Zusammenhänge aufgerufen als durch *sie*. Gemeint ist selbstverständlich ein Lebewesen mit einem eindeutigen Geschlecht, gesprochen wird davon als von etwas Dinglichem. *Es* ist einer Sache zugeordnet, etwas Totem. Eine Sache steht nicht mit eigenen Beinen auf dem Boden, eine Sache hat keine eigene Meinung, eine Sache ist verfügbar: alle diese Assoziationen fließen durch den Sprachgebrauch in die Fremd- und Selbsteinschätzung eines Mädchens ein. Abertausende Male, viele Jahre lang. Die Gehirnwäsche und die Deformierung der Wahrnehmung sind beträchtlich, wenn ich mich in den prägendsten Jahren meines Lebens als sächlich beschreiben muß: „Ich bin ein Mädchen". In der besonders schwierigen Phase der Identitäts- und Selbstfindung, in der Pubertät, sucht die junge Frau ihre Weiblichkeit in der Sprache auf eine andere Art vergebens: zwischen *er, der* Teenager (früher: *der* Backfisch) und *es, das* Mädchen/*Mädel*. In Fällen expliziter Verachtung wird für sie sogar der Mensch sächlich: *das* Mensch. Erst als Erwachsene ist sie die Frau, aber auch *das* Fräulein, *das* Frauenzimmer, *das* Weib. Und die Bezeichnung für sie, wenn sie den Beruf ausübt, für den Frau und Ware besonders nahe zusammengerückt werden, ist *das* Mannequin, manchmal auch *der* Mannequin.

Betrachten wir das Ganze noch einmal aus der Perspektive des betroffenen Subjekts: Wie soll ich als Mädchen dem Sprach-Denken vertrauen lernen, wenn ich dort kein Mensch bin, sondern eine Sache? Wenn dort in der Sprache mein Geschlecht nicht existiert? Wenn ich mich in einem so zentralen Aspekt von Person aus der Sprache draußenhalten muß?

Katharina muß auf Petruchios Befehl einen alten Mann *Mädchen* nennen, uns befiehlt die Grammatik, ein Mädchen als Neutrum zu behandeln.

Es ist für die Mädchen weder Tatbestand noch Tat. Was die Sinne, was der Körper in seiner Biologie, was das eigene Leben darstellt, wird nicht Sprache, sondern durch die Worte ausgeblendet. Wann machen wir mit der grausamen Denk-Sitte Schluß, ein Mädchen sprachlich als Sache darzustellen? Selbst wenn sich durch die Eigennamen oder durch die Bezeichnung *Tochter* grammatikalisch eine gewisse Feminisierung ergibt, bleibt die Vermischung mit dem Sächlichen ein Schaden für das Selbstverständnis und für die Wahrnehmung der Frauen. Wenn wir für *Mädchen* nicht ein ganz neues oder altes Wort finden, wenn wir schon bei der von *Magd* stammenden Bezeichnung bleiben, die mit der Verkleinerungssilbe -chen gebildet wird, dann muß sie wenigstens feminisiert werden: *die Mädchen, eine Mädchen, sie.* Das, was die Mädchen körperlich erfahren, muß in Sprache abbildbar sein: daß sie lebendig und weiblich sind. Daß sie dieses aus sich selbst sind, nach biologisch gegebenen Kriterien. Wie ein Knabe männlich ist, so ist ein Mädchen weiblich. Ohne, daß sie darauf angewiesen ist, dieses sprachlich indirekt oder erst als Erwachsene zu erfahren. Die durch *das* Mädchen hervorgerufene Distanzierung der Sprache von den Tatsachen wirkt nicht nur verunklarend auf das Selbstverständnis weiblicher Menschen: Ganz allgemein wird das Bewußtsein für Wirklichkeit getrübt, wenn wir es als korrekt hinnehmen müssen, daß Menschen sprachlich verdinglicht werden. Da meinen PolitikerInnen Steuererhöhungen, wenn sie nach *Geldquellen* Ausschau halten, als ob Geld jemals naturgegeben irgendwo hervorgesprundelt wäre; bei tödlichen Autounfällen ist dann nicht von Verantwortungslosigkeit die Rede, sondern von Alkohol, der *im Spiel war*; Massenvertreibungen und Morde werden in den Nachrichten als *ethnische Säuberungen* bezeichnet; Arbeitnehmende müssen *abgebaut* oder *für den Markt freigesetzt* werden. Solche und ähnlich zynische

164

Sprachregelungen sind nur durch unsere Gewohnheit, das Auseinanderklaffen von Sprache und Realität zu mißachten, möglich. Befunde über eine konkrete Wirklichkeit können x-beliebige Verzerrungen von Tatsachen enthalten, wenn ich im Sprach-Denken von dem Unterschied Sache/Frau absehen muß.

In einem Buch über die Frauen des Alten Testaments finden wir unter der Kapitelüberschrift *Jephtahs Tochter* folgende Einleitung:

> Wenn wir sonst die *Frauen* der Bibel betrachtet haben, so müssen wir das Wort diesmal weiter fassen. Es ist nicht eine Frau, sondern ein Mädchen, dessen Bild wir uns jetzt zuwenden. Jephtahs Tochter ist eine Jungfrau gewesen und es geblieben bis an ihr Ende. Aber ihr Bild bietet doch des Interessanten und Lehrreichen soviel, daß wir es nicht übergehen wollen."[151]

Die Herablassung, die im Sprachgestus enthalten ist, ist unüberhörbar. Aus welchem, von den Tatsachen völlig absehenden, Erleben kann so eine Aussage entstehen? Frausein ist da nicht etwas existentiell Determiniertes, sondern es gibt ein lebendiges Etwas, *das Mädchen, die Jungfrau* (oder *das Fräulein*), das durch Betätigung des Mannes an ihr zur *Frau* werden könnte; Jephtahs Tochter sei demnach *es* geblieben bis an ihr Ende, weil sie weder liebevollen sexuellen Kontakt mit einem Mann gehabt hat noch gewaltsamen. Solche extreme Verzerrungen der Wahrnehmung wären bei adäquater sprachlicher Abbildung einer (!) Mädchen als weiblich einfach nicht möglich.

Das Selbstwertgefühl der Frauen wäre außerdem ein anderes, wenn die Mehrzahlformen die Teilnehmerinnen an den verschiedensten Tätigkeiten abbilden würden. Logisch gese-

151) Modersohn vierte, neu bearbeitete Auflage 1992: 169.

hen ist es völlig klar, daß ein Teilbegriff nicht gleichzeitg für mehrere Teilbegriffe der Oberbegriff sein kann.

> Oder stellen wir uns vor, in der Geometrie gäbe es wie gehabt die Begriffe *Kreis* und *Quadrat*, aber der Oberbegriff für beide wäre *Quadrat* – drei Kreise und zwei Quadrate ewären also zusammen fünf Quadrate. Mit einer derart konfusen Begriffsbildung würde die Geometrie vermutlich nicht weit kommen …[152]

Wozu eine Ausnahme, sobald es um Menschen geht? Kommen zu den Schülerinnen Erika und Maria zwei Schüler dazu, so sind das vier Schüler? Nein, es sind zwei Schülerinnen und zwei Schüler. Alles andere ist Verfälschung und/oder Verleugnung der Wirklichkeit.

„Sprache ist […] Verwirklichung und Gelebtwerden sozialer Ideen.“[153] Sokrates und Platon hatten Frauen gelehrt wie Männer. Ebenso „Epikur und Pythagoras. Die berühmteste von Pythagoras Schülerinnen war Theoklea, die Vorsteherin der Priesterschaft Apollos auf Delphi.“[154] Seine Nachfolgerin an der berühmten PhilosophInnenschule in Kroton war Theano, eine Frau, deren genaue Biographie der Forschung Schwierigkeiten bereitet, „weil ehemals viel Weibs-Personen berühmt gewesen sind, die eben diesen Namen geführt haben.[…] So viel ist gewiß, daß diese Theano viel Schriften verfertigt […]“[155]: es gab berühmte Mathematikerinnen und Philosophinnen, selbstverständlich auch Priesterinnen. Artemisia von Halikarnassos war in den Persischen Kriegen erfolgreiche Admiralin, im Alten Testament gibt es Prophetinnen und Königinnen.[156] In der Gegenwart sind es die Forscherin-

---

152) Pusch 1990: 87.
153) Langer 1989: 59.
154) Gould Davis 1985: 196.
155) Zedler 1961 (fotomechanischer Nachdruck), Bd. 43: 454.
156) Mirjam, Hulda, Noadja, Debora, Isebel, Atalja u. a. m. Im NT gibt es eine „Jüngerin“, Tabea (Apg. 9,36).

nen, Nobelpreisträgerinnen und andere, die deutlicher im Bewußtsein der Allgemeinheit wären, wenn die Mehrzahlformen die Wirklichkeit korrekt abbilden würden. Auf so einem Wissenshintergrund wäre auch die Wertschätzung, die der Arbeit von Hausfrauen entgegengebracht wird, adäquater, also höher. In der Öffentlichkeit wären Komponistinnen, Musikerinnen, Malerinnen, Wissenschafterinnen, Ärztinnen, Unternehmerinnen, Verlegerinnen und Erfinderinnen selbstverständlicher,[157] wenn die Worte selbstverständlich für die entsprechende Wirklichkeit eingesetzt würden. Vielleicht hätte sich Ingeborg Bachmann dann Schriftstellerin genannt.

Nicht-Wahrnehmen gehört zu den grausamsten, wenn auch subtilsten Abwertungen. Etwas, das *nicht der Rede wert* ist, gilt als *völlig unwichtig, unwesentlich.* Wer kann die Existenz von Frauen als unwesentlich ansehen? Wenn aber die Sprache in wesentlichen Anteilen die Wirklichkeit nicht abbilden darf, weil die Frauen in der Mehrzahl verschwiegen werden und die Mädchen sprachlich sächlich sind: Was ist von so einem Sprachgebrauch an Verläßlichkeit zu erwarten?

Er ist ein Basis-Training dafür, von den Tatsachen, über die gesprochen wird, abzusehen. Wenn dieses Auseinanderzwingen von Wort und Tatsachen erst einmal durch Gewöhnung unauffällig geworden ist, läßt sich Bewußtsein als schädlich für Anmut deklarieren, obwohl der registrierte Schaden durch Spott und Lüge entstanden ist, da können alle Menschen Brüder werden, und Wahrheit ist eine Zumutung. Da die Worte nicht den Tatsachen entsprechen, können die Emotionen nicht befragt werden, ob sie entsprechen: ob

157) Vgl. die jährlich bei suhrkamp taschenbuch erscheinenden Kalender *Berühmte Frauen* (seit 1988). Auf Seite 2 von *Berühmte Frauen Kalender 1993* ist die *Berner Zeitung* zitiert: „Die meisten Namen mögen uns unbekannt erscheinen, und wir kommen aus dem Staunen kaum heraus, wie vielfältig und reichhaltig die Leistungen von Frauen in unserer Gesellschaft sind."

sie mit Sprach-Denken, Körperwahrnehmung und den äußeren Tatsachen eine organisch zusammengehörende Einheit bilden. Solcherart kann gelacht werden, wenn an Katharina Folter vorgeführt wird, denn das paßt zu *Komödie*, die Sekundärliteratur nennt dann die Folter *Liebe* und *Erziehung*, das paßt zur Tradition. Ironie kann in all dem Wahrnehmungs-Wirrwarr Distanz schaffen und als Erholung empfunden werden, sie hält aber Wort und Tatsachen weiterhin auseinander. Statt daß Sprache eine klare Sicht auf die Wirklichkeit ermöglicht und dadurch zielgerichtetes Handeln, wird mit Angst vor Abwertung und Gruppenausschluß agiert. Von diesen ungenannten Emotionen und der Beliebigkeit zwischen Wort und Tatsache profitieren Pseudo-Religiöse, Sektierer, Faschisten und politische Populisten. Sie brauchen die Verblendung mittels Sprache nicht zu erfinden, sie benützen sie für extreme Zwecke.

In einer Umgebung, in der sprachliche Irreführungen zur Tagesunordnung gehören, muß die Sprache als Instrument klar erkennbar gemacht und gezielt verwendet werden, wenn Einsprüche gegen Inhumanität rasch wirksam sein sollen. Wer betrachtet und analysiert, wie das Verwenden von Sprache funktioniert, kommt zum Schluß, daß Sprache bei weitem nicht so statisch und eindeutig ist, wie das bei einem ersten kurzen Hinschauen den Anschein haben mag. Die Verantwortung, die der/die einzelne einem eigenen oder fremden Text gegenüber hat, ist groß. Um sinnlosen, Inhumanität fördernden und verwirrenden Sprachgebrauch zu vermeiden, muß aber nicht nur die Sprache angeschaut werden, sondern auch die eigene Wahrnehmung, und die ist wiederum stark von Sprache beeinflußt.

Damit die Sprache der Wahrnehmung einen guten Dienst leistet, muß von zwei Ausgangspositionen her geprüft und Übereinstimmung hergestellt werden: Erstens, ob die Tatsachen, die das Wort zu nennen scheint, auch als Tatsachen erlebbar sind; wenn nicht, so handelt es sich um Traumhaftes, Surreales oder um ein Aushandeln von Unterwerfungs- und Machtansprüchen. Zweitens muß geprüft werden, ob das, was ich an mir, in mir oder um mich herum erfahre, auch in der Sprache gebührend und stimmig vertreten ist. Wenn ich die eigene Wirklichkeit und das persönliche Erleben aus der Sprache draußenlassen muß, wendet die Sprachgemeinschaft Gewalt gegen den Teil der Wirklichkeit an, der nicht Sprache und Bewußtsein werden darf: Ein Teil der Wirklichkeit wird dem sprachlichen Probe-Handeln und der Autonomie des/der einzelnen vorenthalten. Nur wenn beide, das Erleben, also das, was die Sinne und die Emotionen melden, und die Stellvertretung durch das Wort annähernd deckungsgleich sind, kann Sprache verbindlich als Kommunikation funktionieren. Und dann hat, ob von privaten Plänen, von Schutz für die Umwelt, Lebensqualität oder von einer glücklicheren Zukunft die Rede ist, die in Worten gebaute Wirklichkeit mehr Chance, *Tatsache* zu werden.

Literaturverzeichnis

Aspöck, Ruth: *Der ganze Zauber nennt sich Wissenschaft.* (= Reihe Frauenforschung Bd. 1) Wien 1982.

Bachmann, Ingeborg: *Werke.* Hrsg. von Christine Koschel/Inge von Weidenbaum/Clemens Münster (Hrsg.) München 1978.

Benn, Gottfried: *Nur zwei Dinge.* In: Walter Hinck (Hrsg.): Gedichte und Interpretationen. Stuttgart 1984.

Berne, Eric: *Spiele der Erwachsenen. Psychologie der menschlichen Beziehungen.* Reinbek 1967.

Böckmann, Paul: *Kleists Aufsatz über das Marionettentheater.* In: Walter Müller-Seidel 1967: 32-53.

Boslooper, Thomas/Hayes, Marcia: *The Femininity Game.* California 1973.

Brecht, Bertolt: *Gesammelte Werke in 20 Bänden.* Frankfurt/Main 1967.

Brendel, Bruno: *12. September 1938. Der Führer spricht ...* In: Wolfgang Gast (Hrsg.): Arbeitstexte für den Unterricht. Politische Lyrik. Deutsche Zeitgedichte des 19. und 20. Jahrhunderts. Stuttgart 1987.

Dilts, Robert B.: *Identität, Glaubenssysteme und Gesundheit. Höhere Ebenen der NLP-Veränderungsarbeit.* (= Reihe Pragmatismus & Tradition, Bd. 11, Hrsg. von Thies Stahl), Paderborn 1991.

Ehalt, Hubert Christian: *Ausdrucksformen absolutistischer Herrschaft. Der Wiener Hof im 17. und 18. Jahrhundert.* (= Sozial- und Wirtschaftshistorische Studien. Bd. 14) Wien 1980.

Ehmer, Hermann K.: *Zur Metasprache der Werbung – Analyse einer Doornkaat-Reklame.* In: Hermann K. Ehmer (Hrsg.): Visuelle Kommunikation. Beiträge zur Kritik der Bewußtseinsindustrie. Köln 1971: 162-178.

Fried, Erich: *Es ist was es ist. Liebesgedichte. Angstgedichte. Zorngedichte.* Berlin 1983.

Goedeke, Karl: *Grundriß zur Geschichte der deutschen Dichtung aus den Quellen; Fünfter Band vom Siebenjährigen bis zum Weltkriege. Zweite Abteilung.* Dresden 1893.

Goethe, Johann Wolfgang: *Ein anderes.* In: Gedichte, Bd. 1, Gesellige Lieder. Stuttgart 1884: 74-100.

Gould Davis, Elizabeth: *Am Anfang war die Frau.* München [6]1985.

Gregor, Joseph: *Der Schauspielführer.* Bd. III, Stuttgart 1955.

Gruber, Helmut: *Ein Gespenst geht um in Österreich. Textlinguistische Untersuchungen zum populistischen Diskurs Jörg Haiders.* In: Ruth Wodak/Florian Menz (Hrsg.): Sprache in der Politik – Politik in der Sprache. Analysen zum öffentlichen Sprachgebrauch. (= Bd. 24 der Reihe Dissertationen und Abhandlungen). Klagenfurt 1990: 191–207.

Gruen, Arno: *Der Wahnsinn der Normalität. Realismus als Krankheit: eine grundlegende Theorie zur menschlichen Destruktivität.* München 1989.

Heine, Heinrich: *Sämtliche Werke in sieben Bänden.* Wien o.J..

Heller, Erich: *Die Demolierung eines Marionettentheaters oder: Psychoanalyse und der Mißbrauch der Literatur.* In: Walter Müller-Seidel 1981: 261-280.

Hennenberg, Fritz: *Dessau. Brecht. Musikalische Arbeiten.* Berlin 1963.

Hensel, Georg: *Spielplan. Schauspielführer von der Antike bis zur Gegenwart.* Frankfurt/Main-Berlin 1986.

Hinck, Walter: *Von Heine zu Brecht – Lyrik im Geschichtsprozeß.* Frankfurt/Main 1978.

Kant, Immanuel: *Über den Gemeinspruch: Das mag in der Theorie richtig sein, taugt aber nicht für die Praxis.* In: Kant. Gentz. Rehberg. Über Theorie und Praxis. Stuttgart 1967: 39-88.

Kierkegaard, Sören: *Über den Begriff der Ironie mit ständiger Rücksicht auf Sokrates.* Gütersloh 1984.

Kindermann, Heinz: *Theatergeschichte Europas.* Bd. 3. *Das Theater der Barockzeit.* Salzburg 1959.

Kleindel, Walter: *Österreich. Daten zur Geschichte und Kultur.* Wien 1978.

Kleinstück, Johannes: *Der Widerspenstigen Zähmung.* In: Gero von Wilpert (Hrsg.): Lexikon der Weltliteratur, Bd. II, Werke. Stuttgart 1968: 1237.

Kleist, Heinrich von: *Der Zweikampf. Die heilige Cäcilie. Sämtliche Anekdoten. Über das Marionettentheater und andere Prosa.* Stuttgart 1990.

Klopstock, Friedrich Gottlieb: *Oden.* Stuttgart 1980

Kohn, Caroline: *Karl Kraus.* Stuttgart 1966.

Kraus, Karl: *Zum ewigen Frieden.* In: Die Fackel, Bd. 7, Heft Nr.

474-484, Mai 1918, 159f. München 1968–76.

Kunz, Josef: *Kleists Gespräch „Über das Marionettentheater".* In: Walter Müller-Seidel 1967: 76-87.

Langer, Dorothea: *Für eine Ethnologie der Geschlechter. Begriffstheoretische Überlegungen zum Sprachverhalten in der deutschsprachigen Ethnologie.* In: Kossek/Langer/Seiser (Hrsg.): Verkehren der Geschlechter. (= Reihe Frauenforschung Bd. 10) Wien 1989.

Lay, Rupert: *Manipulation durch Sprache.* München 1977

Ders.: *Die Macht der Wörter. Sprachsystematik für Manager.* München 1986.

Lasker-Schüler, Else: *Helles Schlafen – dunkles Wachen.* München 1962.

Lessing, Gotthold Ephraim: *Minna von Barnhelm.* Stuttgart 1990.

Miller, Alice: *Das Drama des begabten Kindes und die Suche nach dem wahren Selbst.* Frankfurt/Main 1979.

Dies.: *Am Anfang war Erziehung.* Frankfurt/Main 1980.

Dies.: *Das verbannte Wissen.* Frankfurt/Main 1988.

Mitscherlich, Alexander: *Massenpsychologie ohne Ressentiments.* Frankfurt/Main 1972.

Ders.: *Der Kampf um Erinnerung. Psychoanalyse für fortgeschrittene Anfänger.* München 1984.

Mittenzwei, Werner: *Das Leben des Bertolt Brecht oder Der Umgang mit den Welträtseln.* Frankfurt/Main 1987.

Modersohn, Ernst: *Die Frauen des Alten Testaments.* Stuttgart 1992.

Mörike, Eduard: *Zum neuen Jahr.* In: Herbert G. Göpfert (Hrsg.): Eduard Mörike. Sämtliche Werke in vier Bänden. Bd. 1. München-Wien 1976: 117.

Müller, Werner: *Indianische Welterfahrung.* Stuttgart 1985.

Müller-Seidel, Walter (Hrsg.): *Kleists Aufsatz über das Marionettentheater – Studien und Interpretationen* (Jahresgabe Der Heinrich-von-Kleist-Gesellschaft 1965/66). Berlin 1967.

Ders.: *Kleists Aktualität. Neue Aufsätze und Essays 1966-1978.* In: Wege der Forschung 586, Darmstadt 1981.

Nadolny, Sten: *Selim oder Die Gabe der Rede.* München 1990.

Ders.: *Das Erzählen und die guten Absichten.* München 1990.

Nestroy, Johann: *Der böse Geist Lumpazivagabundus oder Das lie-*

derliche Kleeblatt. In: Franz H. Mautner (Hrsg.): Komödien. Frankfurt/Main 1970: 191-250.

Nietzsche, Friedrich: *Jenseits von Gut und Böse. Vorspiel einer Philosophie der Zukunft*. In: Karl Schlechta (Hrsg.): Friedrich Nietzsche. Werke in sechs Bänden. Bd. 4. München-Wien 1980: 563-759.

Perls, Frederick S. u. a.: *Gestalt-Therapie. Lebensfreude und Persönlichkeitsentfaltung*. (= Konzepte der Humanwissenschaft). Stuttgart 1979.

Plügge, Herbert: *Grazie und Anmut. Ein biologischer Exkurs über das Marionettentheater von Heinrich von Kleist*. In: Walter Müller-Seidel(Hrsg.) 1967: 54-75.

Pusch, Luise S.: *Alle Menschen werden Schwestern. Feministische Sprachkritik*. Frankfurt/Main 1990.

Dies.: *Berühmte Frauen: Kalender*. Frankfurt/Main 1987ff.

Rilke, Rainer Maria: *Werke in drei Bänden*. Frankfurt/Main 1966.

Rockenbauer, Elisabeth: *Ändert Brecht die Welt? Eine Untersuchung der sieben meistgespielten Stücke von Bertolt Brecht im Hinblick auf die in den Stücken angelegte Aktivierung des Publikums*. Wien, Phil. Diss. 1985.

Roth, Eugen: *Ernst und heiter*. München 1961.

Rothschild, Thomas: *Kulturbrief*. In: Karl-Markus Gauß/Arno Kleibel (Hrsg.): Literatur und Kritik 255/256 Juli 1991. Salzburg 1991: 12f.

Ryan, Lawrence: *Die Marionette und das „unendliche Bewußtsein" bei Heinrich von Kleist*. In: Walter Müller-Seidel (Hrsg.) 1976: 171-195.

Scharsach, Hans-Henning: *Haiders Kampf*. Wien 1992.

Schauspielführer in zwei Bänden. Bd. II, Berlin 1986.

Schiller, Friedrich: *Gedichte in der Reihenfolge ihres Erscheinens 1776-1799*. In: Julius Petersen/Friedrich Beissner (Hrsg.): Schillers Werke. Nationalausgabe. Bd. 1, Weimar 1943.

Ders.: *Zweiter Band Teil I, Weimar 1983*.

Schumacher, Ernst: *Die dramatischen Versuche Bertolt Brechts 1918-1933*. Berlin 1955.

Schröder, Jürgen: *Destillierte Geschichte. Zu Gottfried Benns Gedicht „Nur zwei Dinge"*. In: Walter Hinck (Hrsg.): Gedichte und Interpretationen, Bd. 6 Gegenwart. Stuttgart 1984: 20-28.

Shakespeare, William: *Der Widerspenstigen Zähmung.* Stuttgart 1984.

Shinjinmei. *Gedichsammlung über den Glauben an den Geist. Von Meister Sosan.* Vollständig übertragen und mit Kommentaren versehen von Taisen Deshimaru-Roshi. Zen-Textbibliothek Bd. 1, Berlin 1979.

Silz, Walter: *Die Mythe von den Marionetten.* In: Walter Müller-Seidel (Hrsg.) 1967: 99-111.

Sperber, Manès: *Essays zur täglichen Weltgeschichte.* Wien 1981.

Tabbert-Jones, Gudrun: *Die Funktion der liedhaften Einlage in den frühen Stücken Brechts: Baal, Trommeln in der Nacht, Im Dickicht der Städte, Eduard II. von England und Mann ist Mann.* (= Europäische Hochschulschriften Reihe 1 Deutsche Sprache und Literatur 751). Frankfurt/Main 1984.

Weigel, Hans: *Karl Kraus oder Die Macht der Ohnmacht.* Wien-Frankfurt-Zürich 1968.

Wiese, Benno von: *Das verlorene und wieder zu findende Paradies. Eine Studie über den Begriff der Anmut bei Goethe, Kleist und Schiller.* In: Walter Müller-Seidel (Hrsg.) 1967: 196-220.

Wolf, Christa: *Kindheitsmuster.* Frankfurt/Main 1979

Wurster, Judith: *Der Widerspenstigen Zähmung.* In: Knaurs großer Schauspielführer. München 1985: 610f.

Zedler, Johann Heinrich: *Großes Universal Lexikon – Aller Wissenschaften und Künste.* 1731-1754 (fotomechanischer Nachdruck 1961, Graz).

Register (Personennamen und besprochene Texte)

177

Über die Autorin

Elisabeth SCHRATTENHOLZER wurde 1950 in Wien geboren. Verschiedene Studien, Schauspielausbildung, Theatertätigkeit, Sprachlehrerin für Englisch, Dr. phil. aus Theaterwissenschaft. Sie lehrt an der Universität Wien, an der Hochschule für Musik und darstellende Kunst in Graz sowie am Pädagogischen Institut der Stadt Wien. Am liebsten nennt sie sich *Sprachwerkerin*, „denn das umfaßt als einziges alle meine beruflichen Tätigkeiten. Schreibend und lehrend habe ich mit Sprache zu tun. Im günstigsten Fall sind Körper und Geist in Sprache und beim Sprechen nicht zweierlei, sondern eins. Das Tun und Gestalten ist wichtig, und funktionieren soll das Ganze auch."

Wissenschaftliche, literarische und journalistische Arbeiten von Elisabeth Schrattenholzer erschienen unter den Namen ADAX, ROCKENBAUER und SCHRATTENHOLZER. Ihre Vortragstätigkeit führte sie außerhalb von Österreich auch nach Deutschland, in die Schweiz und in die USA.

Publikationen:

Neben Theater- und Buchkritiken sowie anderer Beiträge für verschiedene Zeitungen und den ORF folgende umfangreichere Arbeiten:

a) Wissenschaftliche Arbeiten:

E. Rockenbauer: *Ändert Brecht die Welt? Eine Untersuchung der sieben meistgespielten Stücke von Bertolt Brecht im Hinblick auf die in den Stücken angelegte Aktivierung des Publikums.* Phil. Diss., Wien 1985.

E. Rockenbauer: 18 Beiträge zu *Pipers Enzyklopädie des Musiktheaters in 8 Bänden* herausgegeben von Carl Dahlhaus und dem Forschungsinstitut für Musiktheater der Universität Bayreuth unter Leitung von Sieghart Döhring. Erscheint seit 1986; bisher 4 Bände, München.

E. Schrattenholzer: *Ingeborg Bachmann und Hans Werner Henze: Sprache und Musik in gemeinsamer Sache* In: Jahrbuch der Grillparzer-Gesellschaft, 3. Folge, 17. Band. Mit Beiträgen zu Franz Grillparzer, Abraham a Sancta Clara, Johann Nestroy, Ingeborg Bachmann und der Ingeborg Bachmann-Bibliographie 1985-1988, herausgegeben von Klaus Heydemann und Robert Pichl. Wien, 1990: 185-194. (Es ist dies die deutsche, leicht abgeänderte Version des Vortrags: *Ingeborg Bachmann and Hans Werner Henze: A Cooperative Venture in the Arts* gehalten anläßlich des *Seventh Symposium in Literature and the Arts – German Literature and Music: An Aesthetic Fusion* in Houston, Texas, März 1989.)

b) Übersetzung aus dem Englischen:

A Day Well Spent John Oxenford: *So ein Tag zahlt sich aus.* In: Nestroyana – Blätter der Internationalen Nestroy-Gesellschaft, 3. Jg., 1981, Heft 2/3, 53-103.

c) Literarische Arbeiten:

Gedichtveröffentlichungen in Zeitschriften und Anthologien;
Prosa: *Das Gastmahl* In: Karin Ivancsics (Hrsg.): Der Riß im Himmel. Sciene Fiction europäischer und amerikanischer Autorinnen. Wien 1989.
Libretto zur Oper *Simä – Der Anfang nach dem Ende*, Musik von Alexander Blechinger; konzertante Uraufführung, 1. Teil, Wien, Großer Musikvereinssaal 1988.

Titel aus dem Programm des Wiener Frauenverlages

Daniela Gioseffi (Hrsg.):
FRAUEN ÜBER DEN KRIEG

Übersetzungen von Michael Gingrich, Johann Heiss, Erna Pfeiffer, Karin Rick u. a.
Mit einem Vorwort von Sylvia Treudl
Hardcover mit Schutzumschlag · 415 Seiten, öS 398.–/DM 57.–
ISBN 3-900399-63-8

In immer wiederkehrenden Abständen bedrohen und zerstören Krieg und Gewalt
menschliche Existenz. Und immer haben Frauen durch alle Zeiten hindurch
ihre Stimmen gegen den Krieg erhoben. Daniela Gioseffi hat in dieser
preisgekrönten Anthologie die Schriften von Frauen, vor allem der letzten hundert Jahre,
gesammelt und zusammengestellt. Große Literatinnen ebenso wie Friedenskämpferinnen
und Politikerinnen äußern sich kritisch, wütend, empört über die Realität des Krieges
oder auch voll der Hoffnungen und Utopien für eine gewaltlose Welt.
Die englischsprachige Ausgabe des Buches
erhielt 1990 den American Book Award.

Mit Texten von:
Hannah Arendt, Margaret Atwood, Marguerite Duras, Rosa Luxemburg,
Margaret Mead, Christa Wolf, Virginia Woolf, Anna Achmatowa, Alice Walker,
Nelly Sachs, Natalia Ginzburg, Nadine Gordimer, Bertha von Suttner,
Sylvia Treudl, Barbara Neuwirth u. a.

REIHE FRAUENFORSCHUNG BAND 18

Edith Specht (Hrsg.):

NACHRICHTEN AUS DER ZEIT

Ein Streifzug durch die Frauengeschichte des Altertums
260 Seiten, 35 Abbildungen, mit einer Einleitung der Herausgeberin
öS 268.–/DM 39.–
ISBN 3-900399-66-2

Frauen in der alten Welt zwischen Mythos und Realität –
die Beiträge dieses Buches rücken das bislang in den meisten Geschichtsbüchern
ignorant verzerrte Bild zurecht. Mit diesem Streifzug durch die Frauengeschichte
soll nicht nur zur Beschäftigung mit Frauengeschichte angeregt werden,
es wird vor allem das alte klischeehafte Bild von der rechtlosen und
bedeutungslosen Frau im Altertum korrigiert.

Die Arbeiten von Erika Bleibtreu, Maria Paola Baglione, Johanna Holaubek,
Michaela Kronberger, Birgit Langer, Walter Scheidel, Edith Specht,
Elisabeth Wallinger und Michael Zach berichten von Semiramis und
anderen Gemahlinnen assyrischer Könige, von Etruriens Frauen,
von den Amazonen und von den Hexen der römischen Antike,
von altorientalischen Göttinen und von Thekla, von Mythos und Realität
einer Frauenherrschaft im antiken Afrika und
von den Landarbeiterinnen der Antike.

Ein ideales Unterstützungsbuch für Lehrende der Geschichte.

REIHE FRAUENFORSCHUNG BAND 10

Brigitte Kossek/Dorothea Langer/Gerti Seiser (Hrsg.):

VERKEHREN DER GESCHLECHTER

Reflexionen und Analysen von Ethnologinnen
320 Seiten, 19 Abbilungen, mit einem Vorwort der Herausgeberinnen
öS 240.–/DM 34.–
ISBN 3-900399-31-X

In diesem Buch werden erstmals verschiedene Arbeiten von deutschsprachigen Ethnologinnen der Gegenwart gesammelt zur Diskussion gestellt. Die Heterogenität der Zugänge zur Disziplin spiegelt die unterschiedlichen Kritikpunkte der forschenden Frauen wider. Der Band ist der längst fällige erste Versuch, feministisch orientierte Auseinandersetzung innerhalb der Ethnologie auch im deutschsprachigen Raum in Gang zu bringen.

Mit folgenden Beiträgen:
Veronika Bennholdt-Thomsen: *Überleben in der Wirtschaftskrise und die Würde der Menschen – zwei Beispiele aus Mexiko* · Brigitte Kossek: *Gewinne aus Unterschieden – Profitproduktion in Vergangenheit und Gegenwart auf der Karibikinsel Grenada und ihre Konsequenzen für die Frauen* · Eva Ptak-Wiesauer: *Wer die Flöten hat, hat die Macht. Matriarchatsmythen südamerikanischer Indianer* · Gerti Seiser: *Die Schürze – Symbol für und Selbstverständnis von Frauen* · Ruth Kronsteiner und Sabine Strasser: *Frauen im Feld – Überlegungen zu einer nie enden wollenden Reise* · Maria Magdalena Ramnek: *Magdalena se sayó. Bericht einer Feldforschung bei den Embera in Panama* · Akikio Mori: *„Das ganze Haus" und Familien-„Network": die Lebenskonzepte der Frauen in einer Gemeinde Südostkärntens* · Ramona Schugens und Bettina Sommerburg: *Patriarchatsmagie. Zum Sexismus in der Theorie von Claude Lévi-Strauss* · Eva Langheiter: *Mittäterinnen oder Opfer?* · Elfi Höckner: *Das andere, was ist das? Überlegungen gegen die Monotonie der Gleichmacher* · Dorothea Langer: *Für eine Ethnologie der Geschlechter. Begriffstheoretische Überlegungen zum Sprachverhalten in der deutschsprachigen Ethnologie* · Karolina Doblander und Bernadette Karner: *Arbeit als EthnologInnen. Aktuelle Befragungsergebnisse aus Österreich* · Jacqueline Crawford und Petra Isselhorst: *Wissen Macht Expertinnen: vom „blinden" Fleck zwischen Studentinnen und Expertinnen in der Ethnologie* · Gabriele Habinger: *Aufbruch ins Ungewisse. Ida Pfeiffer (1797-1858) – Auf den Spuren einer Wiener Pionierin der Ethnologie* · Maya Nadig: *Frauen in der Kultur – Macht und Ohnmacht. Zehn ethnopsychoanalytische Thesen* · Marianne Nürnberger: *Ritueller Geschlechterwandel der Tänzer Sri Lankas* · Dagmar Eigner: *Gyani Dolma – Begegnung mit einer Schamanin in Nepal* · Elisabeth Reif: *„Das revolutionäre Potential der Ethnopsychoanalyse. Zur Methode und Theorie.*

REIHE FRAUENFORSCHUNG BAND 13

Simon / Spörk / Verlic (Hrsg.):

DIE HEILIGE FAMILIE

Vom Sinn und Ansinnen einer Institution
240 Seiten, 6 Abbildungen
öS 240.–/DM 34.–
ISBN 3-900399-38-7

Seit der Antike äußerten sich immer wieder vor allem Männer
zum Thema Ehe und Familie. Bei allen Aussagen über die Institution Familie überwog
bis weit in das 20. Jahrhundert hinein das Bild einer scheinbar gottgewollten, natürlichen,
anthropologisch begründeten, ewigen, im Staat ordnungsstiftenden Lebensform.
In Äußerungen über die Familie ging es immer darum, diese Ordnung zu erhalten bzw.
wieder herzustellen, also Forderungen an das Verhalten von Männern, Frauen, Kindern und
Gesinde zu formulieren, deren Rollen dabei fest umschrieben wurden.
Die politischen und wirtschaftlichen Entwicklungen des späten 19. und beginnenden
20. Jahrhunderts hatten nicht dazu beigetragen, kritische Ansätze gegenüber einer
Idealisierung der Familie, festgeschriebenen Rollen von Mann und Frau und neurotischen
Beziehungsmustern zwischen den Familienmitgliedern zum Tragen kommen zu lassen.
Im Ständestaat und während des Faschismus wurde die Familie zur ideologischen
Festigung gebraucht. Auch die Nachkriegszeit brachte anfangs eine allgemeine
Familieneuphorie. Erst im Anschluß an die Frankfurter Schule begannen sich
Soziologen wieder kritisch mit dem Thema zu befassen.

Aus dem Inhalt:
Anneliese Felber: „Geordnete Eintracht in Befehlen und Gehorchen" – Zur Haus- und
Familienordnung in der altchristlichen Literatur · Irmtraut Seybold: Die Macht des Mannes
in der mesopotamischen Familie · Käthe Sonnleitner: Die Familie im Mittelalter
Gerda Schwarz: „Muttersöhne" im griechischen Mythos · Elisabeth Kraus: „The Black
Familiy" in den USA: Historische und literarische Dokumente · Ingrid Spörk: Familien-
geschichten. Ihre Darstellung bei Kürnberger, Ebner-Eschenbach, Wohmann und Jelinek
Brigitte Verlic: Der blinde Fleck in einem alten Traum von Harmonie ·
Nancy Lyon: Die Reproduktion des Mutterns. Psychoanalytische und soziologische Aspekte
der sozialen Organisation der Geschlechter · Agnes Kurtz: Die unheilige Familie.
Gewalt gegen Frauen · Monika Gimpel-Hinteregger: Die Familie und das Recht.
Ein kritischer Überblick über das österreichische Familienrecht · Silvia Ulrich: Zur aktuellen
Diskussion um die Verankerung von Ehe und Familie in der Österreichischen Bundes-
verfassung · Karin M. Schmidlechner: Frauen – Haus – Arbeit. Einige Überlegungen zu ihrer
historischen Entwicklung · Gertrud Simon: Vom Patriarchat zur Partnerschaft?
Frauen in Österreich suchen ihren Weg

REIHE FRAUENFORSCHUNG BAND 6

Gertrude Pauritsch/Beate Frakele/Elisabeth List (Hrs.):

KINDER MACHEN

Strategien der Kontrolle weiblicher Fruchtbarkeit
280 Seiten, mit einem Vorwort der Herausgeberinnen
öS 218.–/DM 32.–
ISBN 3-900399-22-0

Es ist nicht sehr viel neu an der Fortpflanzungstechnologie, dies wird klar,
wenn wir uns die jahrtausendealten Versuche patriarchalischer Kontrolle
über weibliche Fruchtbarkeit ansehen. Doch gerade deshalb ist es umso dringender,
die Entwicklungen dieser „neuen" Technologien aufzuzeigen
und Widerstand zu leisten.

Folgende Beiträge von sich ihrer Verantwortung
als Wissenschafterinnen bewußten Frauen
finden sich in diesem Buch:
Irmtraut Seybold: *Schwangerschaft und Geburt in Mesopotamien* ·
Irmtraud Fischer: *„...und sie war unfruchtbar." Zur Stellung kinderloser Frauen in der
Literatur Alt-Israles* · Ilse Reinprecht: *Zeugung als männliche Tat – Reflexionen zu den
Schöpfungsmythen und Platons Theorie der geistigen Kreativität* · Käthe Sonnleitner:
*„Damit Adam der Ursprung seiner ganzen Art sei..." Schutz und Kontrolle der
Gebärtätigkeit im Mittelalter* · Helga Glantschnig: *Geliebte Mutter, meine Frau.
Zum Weiblichkeitsideal Rousseaus und seinen Folgen* · Ingrid Spörk: *Homunkulus und
Maschinenmensch – Vorschläge einer Verbesserung der Frau* · Heidrun Kaupen-Haas:
*Nationalsozialistische Fundamente in der internationalen Konzeption der modernen
Geburthilfe: Das Experiment Gen- und Reproduktionstechnologie* · Beate Frakele:
„Ein Kind für den Führer" – Zur Funktionalisierung der Mutterschaft im Nationalsozialismus
Erna Pfeiffer: *Geburtenkontrolle: Der neue Malthusianismus in der Dritten Welt
am Beispiel Lateinamerikas* · Christa Wichterich: *Vom Kampf gegen die „Über"bevölkerung
zur Industrialisierung der Menschenproduktion* · Lisbeth N. Trallori: *Österreich über alles,
wann es nur will* · Christine Hölzle: *Probleme des unerfüllten Kinderwunsches und
seiner medizinischen Behandlung* · Roswith Roth: *Psychologische Aspekte von ungewollter
Kinderlosigkeit* · Nancy Lyon: *Chancen und Gefahren der neuen Fortpflanzungstechniken
oder Die unbefleckte Empfängnis gibt es doch!* · Renate Klein: *Segen oder Fluch:
Reproduktions- und Gentechnologie aus feministischer Sicht* ·
Monika Gimpel-Hinteregger: *Sexualität, Mutterschaft und
Selbstbestimmungsrecht der Frau.*

REIHE FRAUENFORSCHUNG BAND 9

Edith Specht

SCHÖN ZU SEIN
UND GUT ZU SEIN

Mädchenbildung und Frauensozialisation im antiken Griechenland.
192 Seiten, 17 Abbildungen, Glossar und zweisprachiger Anhang
mit antiken Texten sowie einem Vorwort der Autorin.
öS 218.–/DM 32.–
ISBN 3-900399-30-1

Edith Specht, Althistorikerin an der Universtität Wien, zeigt in diesem Buch,
daß Frauen im vorhellenistischen Griechenland nicht nur Bildungsideale
und Erziehungsziele, sondern in Form von Bünden auch Frauenorganisationen
zur selbständigen Kontrolle dieser Normen hatten. Ausgehend von
der Dichterin Sappho arbeitet Specht mit archäologischem Material,
wobei sie ethnologisches Material aus Melanesien
als Raster zum Verständnis benützt.

Aus dem Inhalt:
Dichotomie · Initiatation und gleichgeschlechtliche Liebe · Männerbünde ·
Frauenbünde in Melanesien · Frauensozialisation · Organisation der Feste ·
Der Sapphische Eros · Streben nach Schönheit · Leibesübungen ·
Wettkämpfe · Der Wandel des Erziehungsbegriffes.

Das Buch von Edith Specht ist eine überarbeitete
Fassung ihrer Habilitationsschrift.

Aktuelle Prospekte des Gesamtprogramms
können angefordert werden:
Wiener Frauenverlag
Lange Gasse 51
A-1080 Wien